종교개혁 입문서

Reformation primer

토마스 카우프만 지음 · 공준은 옮김

▌저자 토마스 카우프만 교수의 인사말

친애하는 독자 여러분,

한국에도 루터와 종교개혁에 대한 살아있는 관심이 있어서 참 기쁩니다. 특히 번역의 수고를 해준 저의 소중한 박사 후보생 공 준은 군에게 감사의 마음을 전합니다.

종교개혁은 유럽의 라틴-서방의 기독교뿐 아니라 라틴아메리카, 북아메리카, 아프리카와 근대에 와서는 아시아에도 영향을 주었습니다. 그렇기 때문에 지구촌화된 세계에서 16세기의 첫 출발을 이루는 조건들을 알아가는 것은 더 중요하다고 할 수 있습니다. 말하자면 우리에게는 낯선 세계, 곧 그 속에서는 악마와 사탄, 하나님의 기적적인 개입뿐 아니라, 성경 말씀 속에 나타나는 하나님의 현존하심이 큰 실제적 능력을 소유한 신비로운 세계 말입니다.

종교개혁은 16세기의 기독교와 세상을 근본적으로 변화시켰습니다. 종교개혁은 그리스도를 중심에 가져다 놓았고, 선물로 주어진 구원에 대한 인간의 전폭적 신뢰를 강조했고, 최대한 많은 인간에게 성경에 접근할 수 있는 길을 열어주려고 시도하였으며, 성직자 계층의 독점적 지배에 종지부를 찍었고, 또 믿는 자들의 공동체를 강조했습니다. 종교개혁자들이 동참해줄 것을 독려했던 추구들 중 어떤 것들은 오늘날까지도 실행되지 못하였습니다. 어쩌면 한국에서도 그러할 수 있겠구나 하는 생각도 듭니다. 하지만 독일과 유럽의 교회에서는 실행되지 못한 부분들이 분명히 있습니다. 종교개혁의 영향력이 계속되기를 기원하며 인사를 전합니다.

독일 괴팅엔에서 **토마스 카우프만**

목 차

1. 작은 소년과 오래된 성 ·· 7

2. 종교개혁 – 앞선 설명들 ··· 11

3. 1500년경의 라틴 유럽 ·· 19

4. 루터와 종교개혁 움직임의 발단 ································ 31

5. 제국 내부와 유럽 전역에서의 종교개혁 ···················· 55

6. 루터교회, 개혁교회, 재세례파, 신령주의자들 ············ 75
   – 종교개혁의 신학적 다양성

7. 로마가톨릭의 결속과 갱신 ··· 81

8. 유럽의 종교적 갈등과 다양한 해결 방안 ················· 89

9. 종교개혁의 역사적 의미 ··· 101

◆ 소개할 만한 참고문헌 ··· 109

◆ 역자후기 ·· 111

1
작은 소년과 오래된 성

끝없는 숲 위로 솟아오른 큰 성은 이 작은 소년을 매혹시켰다. 어린 남자 아이들은 성을 사랑한다. 이곳에서 그들은 기사가 된다. 이곳에서 영웅의 이야기들이 꿈꿔지고, 경험되며, 이루어지기도 한다. 성에서는 어른들뿐만 아니라, 두터운 성벽과 대포들도 소년들을 지키기 때문에 안전하다.

한 어린 소년의 과거에 대한 기억 가운데에서 이 성 방문은 오래되고 먼 옛 이야기와의 첫 번째 만남이었다. 그것은 나이 드신 이모들과 할아버지 할머니가 반복하며 붙들고 있던 그런 이야기가 아니다. 그 이야기는 탈출과 추방, 그리고 청춘 상실과 순결 상실에 관한 희생자의 이야기였다. 또 이루어지지 않은 것들에 관한 그리고 돌이킬 수 없도록 일어나 버린 것들에 관한 분노와 자기 연민에 찬 행동가의 이야기였다.

그 옛 성은 모든 것으로부터 떨어져 있었다. 꿈의 숲에 숨겨져 있었고, 겉으로 보기에는 진짜 독일, 곧 좋기도 하고 나쁘기도 한 나라,

희생자들과 가해자들로 분열되어 있는 나라라는 진면목과는 멀리 동떨어져 있었다. 그럼에도 불구하고 독일의 낯선 곳에서 다른 냄새를 내고 다른 맛을 내고 다르게 소리를 내면서도 친숙한 모습으로 있었다. 말투는 아버지의 말투요 에어푸르트 할머니의 말투로 된 이야기였다. 할머니는 책을 많이 읽으시고, 선물은 대부분의 경우에 책으로 하시고, 멋진 정원을 소유하시고, 이야기를 많이 해주시고, 많은 것을 경험하고 또한 겪으신, 그리고 불평은 하지 않으신 분이었다. 할머니는 이 성 위에 함께 계셨었고 지금도 기억의 그림 속에 존재하신다.

할머니가 크리스마스에 서독으로 보내주신 그 성을 안내하는 분 덕분에 나는 바르트부르크에서의 첫 번째 방문이 1967년 7월이었음을 알게 되었다. 당시 나는 5살이었다. 그 때 들었던 이야기들은 나를 감명시켰다. 자신을 기사 외륵이라고 칭하고, 수염을 기른 채 도주한 수도사의 이야기, 호두껍질 속으로 들어가고, 검은 개로 등장했다가 높은 창문에서 뛰어내린 악마의 이야기, 잉크 병을 던진 이야기. 동화의 어둠에 가려진 영웅 루터, 재단사만큼 용감하고 빨간 두건만큼 시끄러운, 초월적인 것들에 대해 자신을 저항자로 이해하고, 자신이 옳다고 믿는 것에서 자신을 떼어놓지 못하게 하는 자. 올바른 길에 서 있는 자 - 현재 독일에서 필요한 자일 수도 있는 사람의 이야기였다.

내가 2015년 9월 마지막으로 바르트부르크를 방문했을 때는 다시 동화의 시간이었는데, 다만 다른 방식의 동화였다. 다시 하나가 된 나라의 총리는 이 역사학자에게 자기와 그의 11명의 유럽 동료들에게 도대체 종교개혁이 무엇이고 유럽과 무슨 관계가 있는지 설명해 달라고 부탁했다. 성의 공포가 다시 생겨났다. 이제는 무대 공포증으로 말이다.

이 오래된 성에서 나는 그 작은 소년을 다시 만났다. 우리를 떼어놓고 연결 짓는 이 수십 년 동안, 나는 '종교개혁' 시대라고 부르는 16세기를 계속해서 헤매고 다녔다. 이 기간에 작은 소년이었던 나에게는 흥미를 끌지 않았을 부분들을 연구하였다. 그 중에서 몇 가지의 연구들을 이 책에서 발견할 수 있을 것이다.

2

종교개혁
– 앞선 설명들

'Reformation'(개혁)이라는 개념은 라틴어에서 유래한다. *reformatio* 의 의미로는 '개조', '개선', '회복' 또는 '복구'를 들 수 있다. 본질적으로는 그 어떤 상태의 사건이나 사실에서 발견된 결함들을 제거하는 의미로써 변화시킨다는 것이다. 개혁이라는 것은 매우 다양한 일들과 연관지을 수 있다. 본질적인 것은 이미 '형성되어진' 어떤 것, 즉 '변형' 되기 이전 분명한 형태를 가진 그 어떤 것을 다룬다는 것이다. 변형되지 않은 것 즉, 자연 상태의 것 – 손대지 않은 천성, 형성되지 않은 물질 – 은 그것의 '개혁'이 가능하려면 먼저 '형성'이 이루어져야 한다.

접두어 *re*를 통해 *reformatio*의 뒤로 거슬러 가는 성격이 드러난다. 현대에는 이러한 점들이 설명을 필요로 한다. 왜냐하면 사회 입법이나 교육 정책과 학문 정책 분야에서의 거의 모든 변화가 옛 '원형'에 대한 소급 관련을 제시하지도 않은 채 그때마다 '개혁'이라고 하고 있기 때문이다. 이러한 현상은 '개혁'이라고 생각 되는 모든 것들은 단순히 법률의 개정에 대해 논할 때보다는 오늘날까지 전체적으로 보면 오히려 긍정적으로 자리매김이 되어 있고 더 이해하기 쉽게 작용한다는 사실과 분명히 관계가 있다. '쇄신'이나 '개혁'을 말하는 이들은, 미래지향적인 변화를 추구하며, 이를 통해 '개혁되어진' 그 일에 하나의 관점을 부여하기를 원하는 것이다.

과거에는 접두어 *re*에 상응하게 *reformatio*는 이미 존재하던 것과 관련해서 생각하고 그 일과 비교해서 다루는 것이 당연했다. 이 개념에는 어떤 사실에 대한 '더 좋은' 그리고 '미래 적합한' 형태는 항상 '최초의 것'이라는 관념이 내재되어 있다. 몇몇 노인들의 연륜에 찬격인인 '예전에는 많은 것들이 더 좋았다'에는 이러한 정신에 대한 오래된 기억이 여운으로 남아 있는 것이다. 역사적으로는 계몽주의 시대인 대략 18세기 중반쯤에 이러한 정신이 유행에서 뒤떨어지게 되었다. 이 당시가 되서야 사회 전반에서 과거 태고의 시대, 즉 고대를 위대한 것으로 그리고 척도로 삼을 만한 것으로 여기는 것이 아니라, 스스로를 그리고 자신의 현재와 바로 이 순간에 형성되어진 미래를 과거보다 더 믿기 시작했다.

중세 후기와 근대의 역사, 즉 15세기와 16세기에는 당연히 과거의 옛 사람들이 지금의 자신들이 해낼 수 있는 것보다 더 잘했을 것이라는 관념이 자리 잡고 있었다. 그렇기 때문에 결점을 극복하거나 어떠한 것을 최적화한다는 의미는, 과거에는 어떠했었는지에 기대어 그 방향을 설정한다는 뜻과 동일하였다. *Reformatio*는 근본적으로 더 좋거나 어쩌면 이상적이라고까지 생각되는 원래 상태의 복구를 의미하였다. 이러한 의미에서 '개혁'을 추구하는 사람은 변화와 관련될 수밖에 없는 정통성 문제를 항상 미리 해결하였다. 모든 것을 있는 그대로 두는 사람은 일반적으로 스스로를 정당화시킬 필요가 없다. 어떠한 사건이나 사물의 본래 모습을 다시금 살려내려고 한다면, 애써 근거를 대지 않아도 된다. 물론 어떤 '개혁가'가 본래 모습이요 옛 모습이라고 내세우는 것이 정말로 오래되고 원래 것인지 아니면 그가 그렇다고 간주하는 것과 부합되는지 아닌지를 그리고 어떤 의미에서 그러한지를 우리는 사안마다 판단 내려야만 할 것이다.

15세기에는 포괄적인 개혁을 향한 부르짖음과 그에 대한 투쟁이 눈에 띄게 증가하였다. 여기에는 다양한 이유들이 있었다. 그 중 일부는 교회의 정세와 연관이 있었다. '교회'는 오늘날 원하면 이따금씩 관계를 갖는 그러한 기관이 아니었다. 교회는 모든 사람과 연관이 있었다. 요람에서 무덤까지 인간과 함께하며 다른 어떠한 권력보다 공동의 삶을 규정하는 실제, 편재하며 삶을 결정짓는 실제였다. 교회는 교육과 사회복지 지원을 보장하였다. 교회는 구원과 벌을 결정지었다. 오래 전부터 기독교인들 무리의 변두리에서 부분적으로만 허용되고 항상 위험 속에서 살던 작은 무리의 유대인들에 포함되어 있는 자들을 제외하고는 유럽에 사는 모든 인간은 자신이 결정하지 않은 채 당연히 기독교인이었다.

15세기 초 무렵 로마교회는 서로 다른 교황을 따르는 추종자들로 인해 분열된 중대한 위기에 놓여 있었다. 로마의 전통에 있어 이 위기는 결정적인 것이었다. 왜냐하면 로마교회는 지상에서의 그리스도의 대리자이자 통치자인 로마에 있는 교황에게 집중되어 있었기 때문이었다. 이 전통의 권위와 조직구조는 단 하나뿐인 가시적인, 지상의 지도자, 곧 교황이 존재한다는 사실에 근거하였다. 라틴지역, 즉 문화적으로 로마 전통의 영향을 받은 교회들 전체에서 유효한 교회법 또한 추기경들이 선택하고 조언자들로 둘러 쌓인 단 하나의 교황을 지도자로 전제했다. 분열된 교회 위기와 서로 다투는 파벌들, 즉 각자의 교황을 따르는 추종자들 사이에서 큰 교회의 모임, 다시 말해 공의회를 통해 해결 방안을 얻고자 하는 묘안이 생겨났다. 이러한 묘안은 re-formatio와 연관이 있는데, 이는 황제가 소집하는 큰 공의회는 이미 고대, 4세기 초 최초의 기독교 황제인 콘스탄티누스 대제(Konstantin I.) 당시에도 존재했기 때문이다. 1414년에서 1418년까지 콘스탄츠에서 이러한 공의회가 소집되었고, 여기에는 전 라틴 유럽 교회에 속한 주교와 신학 선생들이 참여하였다. 이 공의회는 '교회의 몸과 그 지체의 개혁'이라는 사명을 떠맡았다. 이때부터 개혁이라는 주제가 전반에 자리하였는데, 이는 이 공의회가 이러한 큰 교회 회의는 규칙적으로 존재해야 할 것을 규정했기 때문이다. 공의회의 임무는 개혁 조치들을 실행하는 일에 있어 교황청을 지원 내지는 감독하는 것이었다. 개혁의 주제들은 신자들을 위한 목회적 책무, 교회 직분들의 수여 그리고 로마교회가 알고 있는 일곱 성례들(세례, 고해, 성체, 견진, 병자, 성품, 혼인)의 통일된 모습과 그 관리였다. 15세기에 들어 다시 강력해진 교황청은 공의회 우위설이라는 개념으로 요약할 수 있는, 공의회의 영향을 약화시키기 위해 많은 힘을 기울였다.

물론 교회 개혁을 향한 생각과 요청들은 상존하고 있었다. 교회 제도의 특정한 현상들에 대한 비판은 1500년경에 편재하였다. 왜 교회는 1453년 콘스탄티노플을 침략하고 유럽에 더 위협적으로 확산되고 있는 오스만 족에 대항한다고 하면서도 한 번도 진행되지 않은 십자군 전쟁을 위해 돈을 모금하는가? 어째서 고위 성직자들과 사제들은 가난한 자들을 돕기보다는 크고 웅장한 건축물에 투자를 하는가? 왜 성직자들은 사회의 모범이라고 자처하면서도 더 고결하거나 금욕적으로 살지 않는가? 물론 이러한 다양한 질문들이 사람들로 하여금 그런 모습의 기관인 교회에 대해서 입장을 정리하지 못하고 갈팡질팡하도록 만들지 않았다. 오히려 그 반대였다. 1500년경, 그때만큼 교회를 위해 헌금하고, 교회의 위임을 받아 건축하고, 교회 성직자들이 그토록 활동적이었던 때는 없었다. 사람들은 교회를 위한 물질적인 헌금을 하면서 그리고 그 헌금에 많은 소망을 걸었다. 그에 상응해서 사람들은 교회와 교회를 대표하는 자들로부터 많은 것을 기대하였다. 그리고 사람들은 자신이 가진 교회 상 안에서 기꺼이 또 점점 더 강력하게 기독교의 가장 거룩한 문서인 성경과 고대 기독교의 가장 오래된 전통에서 말하는 교회를 지향하였다.

16세기 초, 개혁에 대한 외침은 오늘날의 환경보호나 유지에 대한 호소와 그 성격이 비슷하다고 할 수 있다. 책임을 느끼는 동시대의 사람으로서 사실 이를 반대하기는 어렵다. 비텐베르크의 젊은 신학 교수인 마르틴 루터(Martin Luther) 또한 개혁을 요구하는 이들의 긴 행렬에 자신을 포함시켰다. 물론 루터는 개혁을 외치는 다른 이들과는 달리 이러한 폐해들보다는 근본적인 신앙적 주제에 대해 더 큰 관심을 가졌다. 그는 오히려 다음과 같은 문장들도 작성하였다. "교회에 대한 개혁이 필요한 것은 사실이다. 그러나 이것은 단 한 명의 교황이나 여러 추기경들의 일이 아니다.… 오히려 온 세계, 엄밀히 말하자면 오직 하나님의 일이다. 이 개혁에 알맞는 시간은 오로지 시간을 만드신 분만이 아신다." 훗날, 곧 16세기 말 루터의 추종자들은 많은 이들이 기다려온 교회의 변화가 이 비텐베르크 신학자의 영향과 함께 시작되었다는 확신을 가졌다. 그들은 또한 하나님께서 루터 안에서 그리고 루터를 통해 행동하셨다고 생각했다. 그렇기 때문에 일반적으로는 최초의 형태의 복구를 통한 모든 개선의 시도를 나타내던 '개혁'이라는 개념이, 루터와 그의 추종자들이 등장시킨 교회의 변화의 역사적인 현상에만 독점적으로 적용되었다. 그렇기 때문에 원래부터 역사적 시대 개념인 '종교개혁'은 철저히 가치중립적이지 않고 오히려 가치가 부과된 개념이다. 곧, 루터와 다른 '개혁가'들이 '본래의' 그리고 '순수한' 교회와 기독교의 형태를 복원시켰다는 주장을 전달하고 있는 개념이다.

18세기와 19세기 근대에 와서, 이 모든 시기를 '종교개혁의 시대'라고 이름 붙이는 것이 더욱더 당연해졌다. 1839년과 1847년 사이 『Deutsche Geschichte im Zeitalter der Reformation』(종교개혁 시대의 독일역사)이라는 영향력 있는 책을 집필하였고, 프로테스탄트 기독교에 깊이 뿌리를 두고 있는 프로이센의 역사학자 레오폴트 폰 랑케(Leopold von Ranke)는 이전 해석 전통에 따라 이 시대에 독특한 시간적 범위를 주었고 이 범위는 역사학계에서 오랫동안 유효했다. 이에 따르면 종교개혁은 1517년 루터의 95개 조항 발표를 시작으로 1555년 아욱스부르크 제국의회에서 법적으로 인정된 개신교의 신앙고백으로 끝난다.

현재에 와서 이 시대 구상의 유효성은 여러 방향에서 문제가 제기되고 있다. 한편으로는 1517년부터 1555년까지라는 종교개혁 시대 규정은 독일 바깥에서는 받아들이기 어렵다는 점이 강조되었다. 이는 종교 분쟁의 법적인 해결책들이 신성로마제국을 제외한 다른 유럽 국가에서는 유효하지 않았기 때문이다. 게다가 1517년부터 시대적 구분을 시작하는 것은 95개 조항을 발표할 당시의 역사적인 주변 사건들을 너무 과대평가하고 있으며, 루터와 교황교회 사이 점진적으로 진행된 분열은 명백히 과소평가하고 있다는 점도 지적되었다. 뿐만 아니라 루터 이전에 그리고 동시대에도 이미 오래된 개혁적인 경향들이 존재했으며 비텐베르크에서 시작된 종교개혁이 절대로 유일한 것이 아니라, 여러 다른 개혁들 중 하나라는 점도 강조되었다. 이렇게 주장하는 이들은, '종교개혁들의 시대'라고 표현하는 것을 좋아하며 대부분 이 시기를 1400년경을 기점으로 잡고 1650년경, 그러니까 30년 전쟁(1618-48) 이후에서 끝나는 것으로 한다. 국제적인 학술 토론에서는 '종교개혁'에 대한 포괄적이지만 그다지 독특하지는 않은 이러한 역사서술적인 구상이 확실한 호평을 받고 있다.

독일의 종교개혁의 '시대'를 쟁점으로 하는 논의는 매년 돌아오는 종교개혁 축제의 기념문화와 밀접하게 엮여있다. 이는 1617년부터 처음 대규모로 시작되고 18세기 초부터는 많은 개신교 국가에서도 매년 규칙적으로 진행된 종교개혁축제가 현재까지도 교회뿐 아니라 국가의 축제이자 공휴일이 된 것과 분명히 연관이 있다. 이로 인해 루터의 '반박문 게시'의 날, 즉 10월 31일인 축제날에 이 기념문화가 진행됨에 따라 그날의 소박한 역사적 자리에 맞지 않는 하나의 의미가 주어진 것이다. 그러나 이 기념 문화의 본래적 가치를 고려한다면 이 기념일을 어떻게 생산적으로 다루어야 하는지에 대한 과제 앞에 서게 될 것이다. 종교개혁의 이야기를 루터와 비텐베르크 그리고 95개 조항의 독특한 역사적 결합으로 시작한다는 것이, 그 전투적인 수도사가 살던 역사적 세상을 묻어두는 것을 의미해서는 안 된다. 오히려 그 반대가 되어야 한다. 신성로마제국의 정치적 구조, 그 시대의 신앙심, 각 유럽 국가들의 독특한 요건, 인쇄술을 통해 발생한 정보기술적 상황 - 이 모든 것들이 루터와 그의 동시대의 사람들을 형성하였고, 그들을 규정했으며 종교개혁의 성공과 진행을 함께 결정지었다.

3
1500년경의 라틴 유럽

'라틴 유럽'이란 로마의 전통에 따라 정해진 현재의 대륙, 곧 서유럽과 북유럽 그리고 중부유럽을 말한다. 그 경계선은 정교회의 영향 아래 놓인 국가와 지역인 그리스, 세르비아, 몬테네그로, 불가리아, 루마니아, 우크라이나와 러시아가 형성했다. 종교개혁은 일차적으로 라틴 유럽의 사건이었다. 종교개혁은 라틴 기독교로부터 영향을 받아 그 성격이 형성된 국가들과 직접적으로 또는 간접적으로 관계가 있으며 또한 이 국가들의 영향권 안에 있는 유럽 바깥 지역에도 직, 간접적으로 영향을 끼쳤다. 16세기를 기점으로 라틴 기독교는 오늘날까지도 지속되고 있는 세계적 확장의 길에 접어든 것이다.

15세기와 16세기

종교개혁의 인물과 사건

❶ 마르틴 루터 1483–1546*
❷ 울리히 츠빙글리 1484–1531*
안드레아스 보덴슈타인 폰 칼슈타트 1486–1541*
필립 멜란히톤 1497–1560*
❸ 요한네스 칼빈 1509–64*

■ 1414–18 콘스탄츠 공의회 (얀 후스 화형)
루터의 수도원 입회 1505 ■
비텐베르크에서 루터의 교수 생활 1512 ■
로마의 베드로 성당 건축을 위한 교황의 면죄부 발행 칙서 1515 ■
최초 희랍어 신약성서 인쇄판 1516 ■
95개 조항을 유포하기 시작함 1517.10.31 ■
루터와 칼슈타트가 요한 엑크와 논쟁을 벌인 라이프치히 논쟁 1519.6.27–7.16 ■

통치자와 세속 사건

1452–93 합스부르크 가문의 황제 프리드리히 3세
작센의 선제후 프리드리히 1486–1525
합스부르크 가문의 황제 막시밀리안 1493–1519
영국 왕 하인리히 8세 1509–47
교황 레오 10세 1513–21
프랑스 국왕 프란츠 1세 1515–47
헤센의 백작 필립 5세 1518–67
황제 카를 5세 1519–56

● 1453 오스만 족의 콘스탄티노플 정복
그라나다 함락; 아메리카 대륙 발견 1492 ●
미남왕 필립 1세와 후아나 1세 결혼 1497 ●
비텐베르크 대학 설립 1502 ●

* Lebenszeit; alle übrigen: Amtszeit

1410 1430 1450 1470 1480 1490 1500 1510

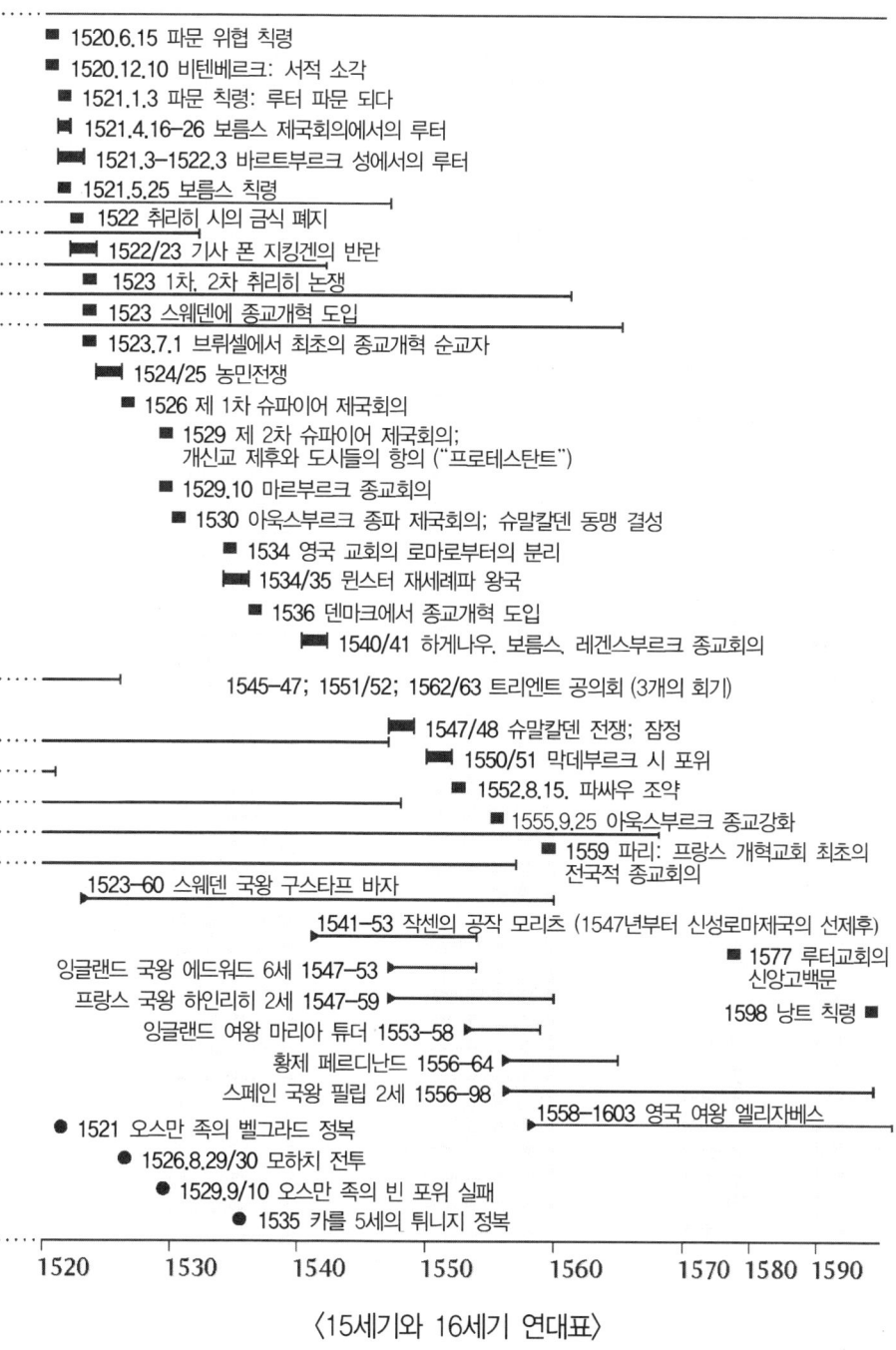

〈15세기와 16세기 연대표〉

라틴 유럽은 결합시키는 역할을 하는 종교적이고 문화적인 요소들로 규정되었다. 옛 로마의 원칙인 자체적으로 단일하며 동시에 제국을 일치시키는 종교('사회의 띠'로서의 종교, 라틴어: *vinculum societatis*), 예배에서와 지식인들의 대화에서 라틴어 사용, 교회법률, 베네딕트회, 시토회, 도미니쿠스회, 프란체스코회와 아우구스티누스 탁발수도회 같은 거대한 수도회와 서양 수도회들의 동맹이 이러한 요소였다. 또한 12세기에 지식인들의 교육기관으로 설립된 대학들과 이들의 영향으로 형성된 그 체계를 갖춘 논증양식, 곧 스콜라주의는 라틴 유럽 세계의 특징으로 두드러졌다. 특정한 종교적인 삶의 실천들, 예를 들어 무장한 채 성스러운 땅으로 향하는 성지 순례 - 십자군 -, 특정 행위에 대한 용서와 정확한 액수의 보상을 결합시켜주는 참회 구조, 내지는 모든 계급의 성직자에게 성적으로 엄격한 금욕 기준 - 보편적인 독신 의무 - 등이 라틴 기독교의 특징이었다. 이른바 면죄부에 있어서도 이러한 부분들은 마찬가지로 유효했다. 면죄부란 일반적으로는 연옥에서-사후 정화 공간 - 털어내어야 하는 시간적인 형벌에 대한 특별 사면을 뜻한다. 사람들은 면죄부를 통해 이러한 형벌의 부분적인 면제나 - 총 면죄부를 통한 교황의 독점적인 권한 - 완전한 말소를 얻을 수 있었다. 15세기 라틴 유럽은 오스만 제국으로부터 점점 커지는 군사적인 위협을 느꼈다. 1453년 동로마제국의 신성한 중심지인 콘스탄티노플은 터키의 공격에 무릎을 꿇었다. 이후 몇 십 년 간 터키의 군대는 계속해서 유럽으로 전진했다. 1460년부터 펠로폰네수스 반도는 오스만 제국의 지배 아래 놓였다. 1461년 흑해의 트라페춘트가 무너지면서 기독교의 마지막 전초 기지가 터키인들의 손에 넘어갔다. 1475년 오스만족은 크림반도에서 제노바의 상업적 요새를 차지하였다. 1516/17년에는 이집트와 시리아의 정복이 이루어졌고, 1521년에는 벨그라드를 향한 공격이 뒤이어 발생했다. 1529년에 오스만족은 빈을 포위했다. 이와 같이 터키의 확장은 종교개혁 이야기에 대한 중요한 정치적 배경의 주제를 이룬다. 1492년에 그라나다의 탈환, 이른바 재탈환(*reconquista*)으로 인한 700년 가까이 지속된 안달루시아에서의 기독교와 무슬림의 공존이 맞은 끔찍한 결말은 터키의 진격에 대한 라틴 유럽의 '대답' 중 하나였다. 왜냐하면 이베리아 반도의 지배자들인 '가톨릭 왕들', 즉 카스틸의 이사벨라(Isabella von Kastilien)와 아라곤의 페르디난트(Ferdinand von Aragon)가 재기독교화를 추구하였기 때문이다. 유대인과 무슬림에 대한 억압은 새로운 방식을 통해 국가와 기독교의 정체성을 융합시키고자 하는 목표를 갖고 있었다.

지중해 주변에서 오스만족의 우위는 오리엔트 상업을 훼방하였다. 이 상황은 그에 상응 하는 납세 의무 때문에 욕구의 대상이 되는 제품들의 가격을 상승시켰다. 인도로 향하는 바닷길을 열정적으로 찾아 나선 것은 터키의 제국주의의 결과 중 하나였다. 1487년 바르톨로메우스 디아스(Bartolomeo Diaz)가 최초로 희망봉(케이프타운), 즉 아프리카 남단을 항해한 것과 크리스토프 콜럼버스(Christoph Kolumbus)가 1492년 아메리카를, 바스코 다 가마(Vasco da gama)가 1498년 리스본에서 인도로 가는 확실한 항로를 발견한 사실들은 모두 지중해에서 오스만족이 주도권을 가지게 된 것의 간접적 결과였다. 15세기 후반부터 시작된 라틴 유럽의 세계화가 터키족 없이도 가능했었을지 의문스럽다.

라틴 유럽은 정치적인 관점에서도 다양함으로 인해서 규정되었다. 서유럽 - 스페인, 포르투갈, 프랑스, 영국 - 은 왕조의 영향을 받은 군주적 지배 체제들로 이루어졌고, 이들은 국가적 결속이라는 특징과 함께 나타났다. 즉, 획일적인 행정 체계와 과세 체계, 왕들의 손 안에서의 권력 집중, 이에 상응하는 귀족 계급의 결속, 교회의 고위 직분에 대한 포괄적인 임용 권한, 민족교회와 가톨릭주의의 완성 같은 것들과 함께 나타났다. 중앙-중동부 유럽 – 신성로마제국, 폴란드 - 리투아니아, 보헤미아와 헝가리 - 에서 최고 통치자의 위엄, 즉 왕위 내지는 황제 위는 특정한 귀족 세력의 선거권 행사에 따라 부침하였다. 북유럽에서는 14세기 후반부터 덴마크의 지휘 아래 구성되었던 칼마르 동맹이 해체되었다. 한편으로는 자신들의 독립을 주장한 스웨덴과 핀란드와 다른 한편으로는 덴마크, 노르웨이 및 아일랜드는 세습 군주국으로 발전하였다. 1452년부터 혼인 정치를 통해 황제를 선출하는 군주국인 합스부르크 가문에 의한 국가 집합체가 15세기 후반과 16세기 초부터 형성되었는데, 이 집합체는 오스트리아와 서남 독일의 상속 국가 외에 브루고뉴와 네덜란드, 스페인의 후예에 포함된 유럽 바깥에 있는 식민지인 북 이탈리아와 남 이탈리아(밀라노, 나폴리, 시칠리아) 보헤미아 그리고 헝가리 등을 포함하였다.

  15세기부터 한편으로는 동방정교회와, 다른 한편으로는 이슬람 세계로부터 라틴 유럽을 구별시키는 문화적 독특함은 소통 기술적인 본질에 있었다. 박식한 마인츠의 수공업자 요한네스 구텐베르크(Johannes Gutenberg)에 의한 활판 금속문자의 발명이 바로 그것이었다. 1450년경 그와 그의 동업자들은 문서의 자동 재생산의 방식을 개발하는 것에 성공했다. 문서들을 각기 가장 작은 단위인 26개의 라틴 알파벳의 문자로 분리하여 주조 방식을 통해 영속적인 금속 물질을 가지고 각각의 유형을 제조하는 것이었다. 이것이야말로 원하는 만큼의 대량 문서 생산을 가능하게 하는 최상의 발명이었다. 인쇄 재료로는 값비싼 양피지 보다 더 저렴한 제지가 사용되었다. 14세기부터 제지 공장들이 제국에 설립되었다. 인쇄 과정에서는 포도 재배에서 응용한 압축기를 통해 동일한 압력을 전달할 수 있게 되었다. 지금까지는 전문적인 필자들이 지루한 노동을 통해 복사하던 문서들이, 이때부터는 훨씬 더 신속하고 저렴하게 보급될 수 있었다. 간접적인 방대한 사회적이고 문화적인 인쇄술의 결과들은 점차적으로 두드러지게 나타나기 시작하였다.

1450년경 구텐베르크의 첫 활판인쇄술 개시 이후 이 새로운 기술은 빠르게 전파되기 시작했다. 구텐베르크 생전에 이미 밤베르크, 슈트라스부르크, 쾰른, 로마 남부 수비아코와 베네치아에서 출판사가 생겼다. 1500년경 라틴 유럽 150개의 도시에는 약 1,000개의 인쇄소가 존재했고, 이 시기에 이미 약 30,000권의 다양한 서적들이 생산되었다. 인쇄된 서적의 총 수량은 백 만 권을 상회했다. 구텐베르크가 최초로 생산한 책은 B 42, 즉 42줄로 인쇄한 이른바 불가타(*Vulgata*) 라틴어 성경이었다. 새로운 복사 방식에 대한 회의적인 목소리는 많지 않았다. 지도력이 있는 영적 그리고 세속 기관들과 인물들은 이 새로운 방식을 철저히 또한 자신들의 목적에 알맞게 활용하였다.

그 내용이 짧고, 적당히 신속하게 생산되고 계산하기에 간편한 교회적 성격 또는 관료적 성격의 소위 말하는 필요에 따라 그때 그때 생산되는 인쇄물들이나 입에 풀칠하기 위한 여러 인쇄물들, 훈령들, 설교나 면죄부 그리고 달력 또한 중요한 생산물들이었다. 이러한 출판물들이 인쇄업자들의 생계와 여러 야심적이고 많은 비용이 드는 프로젝트를 재정적으로 지원했다. 그 시대 교육기관들, 특히 라틴어

학교와 대학들에게 이 새로운 기술은 중요한 혁신 원동력을 의미했다. 이때부터 학생들은 특정 교과서를 구입하고 그것을 가지고 지속적으로 공부할 수 있었다. 학자들에게는 자신들의 생각과 문서들을, 교실과 원고라는 가시적인 영역 너머로 전파할 수 있으며, 유럽 전체의 학계와의 교류를 용이하게 해줄 수 있는 새롭고도 상상하지 못한 기회들이 생겨났다.

15세기부터 (이탈리아어: *Quattrocento*) 우선적으로 아펜니노 반도의 도시 중심지에서 문화적인 움직임이 발전하기 시작했다. 그리고 이 움직임은 점차적으로 유럽적인 차원에 도달하게 되었다. 이 움직임이 지향하는 공통된 목표에 근거해서 그들은 스스로를 '르네상스', 즉 고대의 재탄생 시대라고 지칭하였다. 이들의 실질적인 관심으로 인해 '인문주의' 라는 개념이 통용되기 시작했는데, 이들에게는 '*Humanum*', 즉 인간의 인간다움과 관련된 모든 예술과 학문이 특히 중요했기 때문이다. 인문주의자들은 대학교 안팎, 특히 궁정과 시청에서 빠르게 영향력을 확대했다. 이들은 고대로부터 예술과 건축이 풍성하게 하려고 애를 썼다. 이들을 문화적이고 역사적으로 자리매김하는 데에 결정적인 것은 그들이 고대와 현대 중간에 있는, 기독교로부터 영향을 받은 '중간' 혹은 '사이 시대', 즉 *media aetas* 내지는 중세시대를, 쇠퇴의 시대로 규정했다는 사실이다.

인문주의자들은 특히 고대의 문화적 전통에 대한 지식이 괄목할 정도로 확산되는 것에 크게 기여했다. 무엇보다도 이들은 쉴 새 없이 수도원 도서관들을 샅샅이 뒤지며 잊혀지거나 전혀 알려지지 않은 문서들을 출현시켰다. 원전으로의 회귀는 인문주의자들의 권위에 대한 비방을 위한 도구가 되어 도움을 주었다. 특히 방법적으로는 엄격하고, 수사학적으로는 불충분한 스콜라 교육 서적과 관련한 비판에 도움이 되었다. 알프스 산맥 북쪽, 특히 독일과 네덜란드에서는 한 형태의 인문주의가 만들어졌는데, 곧 그 형태란 성경과 교부, 즉 고대 기독교의 원전을 전면에 내세우는 것이었다. 인문주의자들은 인쇄술이 주는 기회를 신속히 이용하였다. 지리적으로 먼 거리 임에도 불구하고 그들은 유럽을 가로질러 서로를 자신들의 문서적 발견에 동참시켰다. 통상적으로 인문주의자들은 밀접한 편지 왕래 관계망을 통해 그들의 동시대인들보다 정치적 또는 문화적인 영역의 새로운 발전에 관해 미리 정보를 제공받았다. 당대 권력자들 또한 이 독창적이고 자유로운 영혼들에 대한 후원을 포기할 수도 없었고, 포기하고 싶지도 않았다.

〈라파엘(Raffael): 아테네 학당. 바티칸 스탠자의 벽화〉

옛 개신교의 영향 아래 이루어진 역사 서술은 중세 후기를 위기의 시대, 어둠의 시대, 교황의 타락과 종교적 몰락의 시대로 표현하였다. 이와 달리 약 두 세대 전부터는 1500년경의 교회 제도가 전체적으로는 견고하고, 구원과 관련해서 그들이 판매한 상품들은 대체로 인정받았다고 평가하고 있다. 자연 폐해와 기근 폐해 각종 역병들 또는 동쪽으로부터 오는 터키족이라는 '원수'같은 것들, 곧 동시대의 예술에서도 종말론적 주제들이 호황을 누리도록 만드는 이러한 것들로 인한 다양한 불안과 위협들을 고려할 때 교회는 대체적으로 구원을 보장해 주고 실현시키는 확실한 기관이었다. 많은 사람들은 그들의 고민, 긴급함과 욕구를 가지고 은혜의 기관인 교회로 향했다. 그들은 교회가 베풀어야만 하는 각종 수단들과 종교적 행사들을 이용하였다. 곧, 성례들과 성지순례, 특정한 기부자를 위해서 피흘림이 없는 그리스도의 희생을 계속해서 반복시키는 것인 미사 재단들, 성스러운 예식 관람(면죄의 기능를 하는 성유물들이 제시되는 특별한 종교적 이벤트), 형제회들(죽은 동지들을 위해 기도하고 죽은 자들의 추도를 관리하는 성직자와 평신도 협력체), 수도회 내지는 세상에서의 다양한 종교적 삶의 형태들이 이러한 것들이었다. 위에 언급한 이 모든 기관들과 행위들은 유행하였다. 16세기 초 만큼 많은 교회 건물이 건축된 적은 없었다. 교회의 찬란한 다채로움을 표현해내는 다양한 작가들이 종교적 영역에서 벌이는 계속되는 경쟁과 주교, 도시와 공동 교회들과 수도회와 성지순례 예배당 등이 이 활동에 생기를 불어 넣었다. 개인적인 종교적 행위 - 기도의 양과 기부금의 액수 그리고 순례로 인한 피로도 - 와 구원 효과의 폭 사이에 내부적인 관계가 연관이 있다는 것, 즉 노력과 보상의 상관 관계가 존재한다는 것은 일반적으로 당연했다.

〈알브레히트 뒤러(Albrecht Dürer):
네 명의 복수의 천사와 말을 탄 군대. 계시-순환의 목판화, 1498년〉

면죄부 판매 또한 큰 인기를 누렸다. 호화로운 선전 활동을 통해 총면죄부는 직업적으로 위임 받은 자들과 전문화된 동역자들을 통해 유럽의 다양한 국가에 통일된 양식으로 전파되었다. 이것은 지리적 그리고 문화적으로 변두리에 있는 서로 상이한 여러 지역을 묶는 중요한 면모를 말한다. 특별히 터키를 상대로 한 십자군의 자금조달을 위한 면죄부, 소위 말하는 터키 면죄부는 16세기 초부터는 미미한 수용에 그쳤다. 그 이유는 몇 십 년 전부터 성과 없이 터키 십자군을 위한 모금이 진행되었기 때문이다. 또한 자신들의 면죄부를 판매하기 위해 교황들이 취임할 때 전임자 시절에 판매된 면죄부를 무효화시키는 교황들의 행위가 계속해서 유행한 것도 신뢰 위기에 일조하였다. 16세기 초 면죄부 판매에서 드러난 매매 손실 또한 이러한 교회의 행위에 대한 허용이 무너지고 있음을 의미한다. 루터는 이렇게 퍼지고 있는 면죄부에 대한 의심의 분위기에 동참한 것이다. 교황이 영혼을 구하고자 한다면, 왜 이것을 꼭 돈과 교환하도록 하는지에 대한 질문들은 이전에도 존재하였는데, 루터는 바로 이를 끄집어낸 것이다.

4
루터와 종교개혁 움직임의 발단

　엄밀히 말하면 종교개혁의 역사를 루터로부터 시작하는 것에 논쟁의 여지가 없는 것은 아니다. 루터 이전에도 '교회 개혁'에 대한 논의는 이미 존재했기 때문이다. 또한 루터가 행하고 선전한 많은 것들은 루터 이전 내지는 동시에도 주장된 것들이었다. 이러한 것들을 루터는 다양한 방식으로 라틴 교회의 종교적이고 신학적인 풍부한 전통으로부터 퍼올렸다. 베른하르트 폰 클레보(Bernhard von Clairvaux), 장 게르송(Jean Gerson), 요한네스 타울러(Johannes Tauler)등, 내지는 가장 중요한 라틴 교부인 아우렐리우스 아우구스티누스(Aurelius Augustinus)와 같은 신학자들은 루터의 사고 방식과 처음부터 함께 하였다. 그럼에도 불구하고 루터가 라틴 기독교 전통에 깊이 뿌리내리고 있음을 보여주는 경건과 신학 역사에서의 일관된 노선들이 여기에서 제시하고 있는 종교개혁 이해에 결정적인 것은 아니다. 왜냐하면 오늘날 '종교개혁'으로 이해되는 바는 대체로 각 도시와 영지 그리고 국가에 전승된 교회의 구체적인 변화들이기 때문이다. 이 변화들은 일반적으로 권한이 있는 각각의 정치적인 주체들, 즉 시장, 영주 그리고 국왕들을 통한 '개혁적인' 교회 규칙의 도입을 통해서 일어났다. 즉, '종교개혁'이라 함은 전승된 교회와의 연결에서 교황교회의 제도적인 결합으로부터 벗어나고, 교회법을 무력화하며 민중 언어의 예배 규칙을 등장시킨 라틴 유럽의 도시들과 국가들의 정치적 진행과 합법적인 진행의 총계인 것이다. 이렇게 전체적으로 '종교개혁'이라고 불리우는 과정은 1517년 가을 루터의 면죄부 비판에 따른 논쟁 이후에 시작되었다. 이러한 진행 과정은 3년후 루터와 그의 추종자들에 대한 로마교회의 파문으로 이어졌다.

마르틴 루터의 초기 시절로부터는 훗날 교황교회와의 마찰을 예시하는 것은 아무 것도 찾을 수 없다. 오히려 그 반대이다. 루터의 초기 시절이나 청소년기에 관해서 근거를 가지고 말할 수 있는 그 어떤 것을 보아도 그는 절대적으로 당시 교회와 관계된 기독교와 그 기독교가 요구하는 경건 행위 안에서 자랐다는 것이다. 루터의 아버지 한스 루더(Hans Luder)는 아이들의 순종 의무를 4 번째 계명에 근거하여 매우 강조하며 요구했던 것으로 보인다(Luther의 'th'는 1517년 10월 31일, 자유를 뜻하는 그리스 단어인 엘러이테리아[eleutheria]에 근거하여 루터가 직접 이름에 추가한 것이다). 태명이 린데만(Lindemann)인 어머니 마가레트(Margarethe)는, 종교적인 서적을 읽어주며 아이들에게 기도하기를 독려했다. 루터의 생활 태도는 매우 종교적이었다. 노동, 규율, 순종과 노력은 부모의 계명이자, 하나님의 계명이었다. 그의 집안은 점점 부유해졌고 이것은 어렵게 이루어낸 것이었다. 루터의 아버지는 광부에서 주조 소작인과 광산 경영인이라는 사회적 신분 상승을 성취한 후에 만스펠트 시의회에도 참여했다. 학교 교육

이 사람의 인격 형성과 발전에 기여한다는 것을 루터의 부모와 몇 명의 대학 졸업자들을 집안에 둔 어머니의 가족은 확신하고 있었다. 만스펠트, 막데부르크와 아이제낙흐로 이어진 루터의 학교들이 있던 지역들은 더 고학력의, 라틴 교육을 받고자 하는 이른 루터의 열정을 발견하게 한다.

에어푸르트 대학 철학과의 예과 중심에는 7개의 '문예학'(artes liberalis) 섭렵이 자리잡고 있었다. 이것은 *Trivium*(문법, 변증법과 수사학)과 *Quadrivium*(산술, 음악, 기하학과 천문학)으로 나누어져 있었다. 학생들은 다른 유럽 대학들과 마찬가지로 특히 라틴어로 번역된 아리스토텔레스의 고전적인 문서들을 읽었다. 그들은 논쟁을 연마하고 정기적인 학사 졸업과 석사 졸업을 거치며 성장하였다. 루터는 1501년 1월, 2등으로 석사 학위를 취득했다. 곧이어 부모의 소망을 따라 법학을 시작한 것으로 보인다.

여름학기가 진행되는 동안 그는 돌연한 고향 방문을 하였다. 고향에서 돌아오는 길에 루터는 상당히 정확히 그 때와 장소를 명시할 수 있는 사건을 체험하였는데, 이것은 이후 그의 삶을 바꾸어 놓게 되는 것이었다. 1505년 7월 2일 그는 에어푸르트 근교에 있는 슈토텐하임이라는 마을에서 폭우를 만나고 간신히 낙뢰를 벗어날 수 있었다. 루터의 회상에 의하면 그는 여기서 살아남는다면 수도사가 되겠다는 서원을 했다고 한다. 1505년 7월 17일 루터는 규율이 엄격한 수도회인 에어푸르트 아우구스티누스 탁발 수도원에 수련수사로 발을 들여 놓는다. 긴급 상황이나 절망 속에서의 서원은 무효하다는 친구들의 조언이나, 이 자연 현상에서 루터가 만난 건 전능하고 노하시는 하나님이 아닌 환영일 것이라는 아버지의 만류에도 루터는 주저하지 않았다.

4. 루터와 종교개혁 움직임의 발단

루터는 분명하게 수도원으로의 이 걸음을 내딛었다. 루터는 이 길을 가려고 하였고 부모의 강요로 세워진 삶의 구상은 정리하고자 했다.

결국 이 모든 것이, 루터가 수도사가 되기로 한 목표와 그로 인해 구원으로의 '안전한 길'을 걷기로 한 것은, 자유로운 결정과 열정을 가지고 행했다는 것을 가리키고 있다. 이 결정에 이르게 했던 다양한 동기들은 알 수 없다. 확실한 것은 가난, 순결과 순종의 수도사적인 삶이 세상에서의 삶보다는 더 '영광스럽고' 하나님 앞에서 '더 공로가 있다'는 당시 일반적으로 널리 알려진 확신이 루터에게도 각인되어 있었다는 것이다. 루터가 자신의 회상에서 강조한, '좋은' 수도사, 결점이 없는 수도사가 되고 싶었다는 말은 믿어도 될 것이다. 수도원의 원장들은 이러한 루터의 노력을 인정했다. 수도사로서의 생활에 대한 수도원의 규칙과 삶의 규칙을 배워야 하는 약 일 년의 수련 기간 이후 루터는 평생 구속력이 있는 서원, 즉 수도사 서원을 하였다. 그로 인해 에어푸르트 수도원 원장은 그가 신학의 학문과정을 밟도록 결정하였다. 루터는 서품식(1507년 초) 이후 이를 받아들였다.

신학 수업은 부분적으로는 수도원의 테두리 안에서 이루어졌다. 그러나 학위를 받아야하기 때문에 대학과의 협업은 불가피했다. 순차적으로 졸업하여 도달하는 박사의 길은 성경학사(*baccalaureus biblicus*)와 교의학사(*baccalaureus sententiarius*)의 단계로 진행되었다. 루터는 이 첫 번째 등급을 새로 신설된 대학인 비텐베르크에서 1509년 3월에 받았고 이 대학에서 1508년 가을과 1509년 사이에 윤리철학 과목의 수도회 교수직을 대리 자격으로 맡았다. 당시 신학에서 교의의 주요 작품인 페트루스 룸바르두스(Petrus Lombardus)의 네 개의 명제집을 주석하는 것에 근거를 둔 다음 등급인 교의학사(*Baccalaureus sententiarius*)와 관련해서 알려진 사실은 루터가 1510년 초와 1511년 여름 에어푸르트에서 이 주석을 재반박했다는 것이다. 그 후에 루터는 분명히 자의적으로, 그리고 에어푸르트 수도원과의 갈등 와중에 비텐베르크로 자리를 옮겼다. 중간 학위 과정, 곧 교의학사를 정식으로 마쳤는지는 알 수 없다. 1512년 10월 루터가 비텐베르크에서 신학 박사 학위를 받고 요한네스 슈타우피츠(Johannes von Staupitz)의 후임으로 수도원의 신학 교수직을 물려받은 것은 분명하다.

루터는 아우구스티누스 수도원 독일 개혁연합교구장 총책임자인 슈타우피츠를 이미 에어푸르트에서부터 알고 있었고 또한 그를 존경하였다. 비텐베르크 체류 초창기에 루터는 그를 가까이 하게 되었다. 루터는 시련 속에서 그리스도를 통해 나타나는 자비로운 하나님께로 가까이 이끌어주고, 아우구스티누스의 신학적인 방향을 진지하게 따르는 은혜의 신학자인 슈타우피츠와 개인적이고도 깊은 신뢰의 관계를 가지고 있었다. 작센-튀링엔 수도회 관구와 회칙파 개혁 연맹의 통합을 원하는 슈타우피츠와 이를 반대한 에어푸르트 수도회의 선동적인 수도원 정치적 논쟁이 벌어졌을 당시 루터는 슈타우피츠의 편에 섰다. 루터가 1511년 여름 최종적으로 비텐베르크로 옮겼다는 사실은 그가 슈타우피츠의 사람이 된다는 것과 같은 일이었다.

루터는 슈타우피츠의 지시로 1511년 가을과 1512년초, 연합을 하려는 계획에 도움을 받고자 아우구스티누스 수도회 총감독이 있는 로마로 길을 떠났지만 이 계획은 결국 실패하였다. 성스러운 도시인 로마에 체류하는 동안, 그는 순교자들의 영광의 도시에 대해 성지 순례자의 전통적인 태도를 보였다. 루터는 성 스칼라 성당을 무릎으로 기어 올라가며, 죄의 용서를 구하고 성인들의 무덤을 위한 미사를 올렸다.

훗날 루터가 자신의 로마 체류를 기억하면서 이끌어낸 교황 비판적인 인상들은 1511/1512년의 체험기에서는 나타나지 않는다.

1515년부터 1518년 사이 루터는 수도원의 '지역교구장으로 재직하였고 11개 수도원들 대한 감독을 책임 맡았다. 튀링엔 - 작센지역에서 루터는 책임이 막중한 수도원적인 정치를 하는 지위를 얻게 된 것이다. 루터를 '변절자'로 여기는 에어푸르트와의 해소되지 않은 갈등에도 불구하고 루터는 그의 수도원에서 빠르게 권위 있고 신뢰 있는 지위에 올랐다.

학문하는 선생으로의 역할과 이미 1513/14년 비텐베르크 시의회가 위탁해서 임명된 설교자로서의 역할을 할때 루터는 주목할 만큼 편파적으로 성경 해석을 중심에 두었다. 1513년부터 진행한 수업 중 몇 가지는 현재에도 보존되어 있다. 이 수업들은 루터가 동시대의 지식 수준에 입각해서 언어와 문학에 근거한 판단을 하는 성실한 해석학자였다는 것을 보여준다. 루터는 다섯 칼럼으로 이루어져있는 요한네스 로이힐린(Johannes Reuchlin)의 히브리어 문법책과 다양한 라틴어 버전을 대조한 프랑스 인문주의자 파버 슈타푸렌지스(Faber Stapulensis)의 시편 주석, 그리고 1516년 등장한 에라스무스 폰 로터담(Erasmus von Rotterdam)의 헬라어 - 라틴어 신약성서 등을 보조 도구로 세심하게 사용하였다. 루터는 출판계를 주의 깊이 관찰하며 선제후의 비서이자 대학 운영자인 게오르크 슈팔라틴(Georg Spalatin)에게 비텐베르크 대학 도서관의 도서 구입과 관련하여 조언하였다. 루터는 오래된 주석들 - 교부들을 나열하여 편집된 중세 시대 주석 작품인 『일반 주해』(*Glossa ordinaria*), 곧 교부들의 글들을 편집한 주석집 외에도 특별히 니콜라우스 폰 리라(Nikolaus von Lyra)와 그리고 필요하면 어디서든지 교부들 - 을 규칙적으로 사용했다. 자신의 선생인 슈타우피츠와 마찬가지로 루터에게는 목회적이면서도 종교적인 생활에 영감도 주는 해석 방식이 중요했다. 죄인인 인간이 어떻게 하면 하나님 앞에서 설 수 있겠는가 라는 질문은 그를 끊임없이 사로잡았다. 수도원에 입문한 이후 루터는 일 년에 적어도 두 번 이상 성경을 처음부터 끝까지 정독했다. 성경이 인간과 하나님과의 관계 사이의 유일한 기준이자 결정적인 깨우침의 원천이라는 것은 그에게 당연해졌다. 개인적인 구원과 관련된 질문들로 인하여 사도 바울과 교부 아우구스티누스의 글들은 루터의 관심의 중심을 이루었다.

〈볼펜뷔텔 시편 중 한장에 루터가 친필로 작성한 수업 필기〉

훗날 자신의 삶을 되돌아보면서 루터는 자신이 특정한 어떤 시점에 '하나님의 의'를 종교개혁적으로 이해하게 되는 일종의 신앙적 '전기'를 만들었다고 하는 인상을 보이고 있다. 그러나 그가 그렇게 되돌아보는 그 훗날의 그 깨달음, 곧 상황에 따른 깨달음 가운데에서 묘사하고 있는 사건은 아마도 오히려 점진적으로 이루어졌다고 보아야 할 것이다. 이것의 핵심은 하나님 앞에서 유효한 인간의 의, 즉 하나님께서 '의롭다고' 인정하시는 것이, 스스로의 경건한 노력을 통해서가 아닌 수동적으로, 선물의 형식으로만 얻을 수 있다는 것이다. 또한 오직 하나님께로만 선물 받을 수 있는 은혜의 수단은 곧 믿음뿐이라는 것이다. 이 '의의 가르침'을 루터는 바울, 특히 로마서 1장 17절에서 발견했고, 아우구스티누스의 글인 『성령과 문자』(*De spiritu et litera*)는 이 가르침의 정당성을 인증하는 것으로 읽었다. 루터의 수업들, 여러 논쟁들, 또 1516년 가을부터 비텐베르크 동료 교수인 루돌프 보덴슈타인 카를슈타트(Andreas Rudolf Bodenstein von Karlstadt)와의 신학적 논쟁에서 이 '의'의 신학에 관한 입장은 점점 더 결정적으로 중심에 자리하게 된다. 시간이 지날수록 카를슈타트 역시 루터의 아우구스티누스에 대한 해석이 옳다고 인정하였다. 이 두 동료 사이에는 아주 친밀한 그리고 한동안 유지된 신뢰 관계가 싹텄고, 외부에서는 이들을 '비텐베르크 학파'의 핵심으로 인정했다.

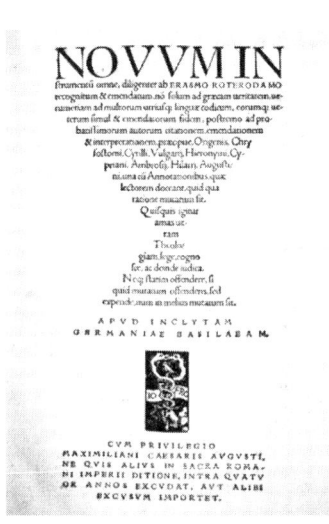

⟨1516년 에라스무스의 신약성서의 표지⟩

　이 철저한 은혜 신학의 결과는 1517년에 들어 더욱 뚜렷하게 두드러졌다. 1517년 초 카를슈타트의 151개 조항, 루터의 논문 "스콜라 신학에 대한 반박"(*Gegen die scholastische Theologie*), 그리고 같은 해 10월 31일 발표한 95개 조항이 그 결과였다. 그러나 '면죄부의 능력'이 주제인 95개 조항에 대해서만 매우 큰 관심이 일어났다. 이 95개 조항이 이른바 면죄부 논쟁과 결국에는 루터의 파문으로 이어진 로마의 소송을 촉발시켰다. 루터의 면죄부 비판적인 명제의 직접적인 동기를 형성한 것은 알브레히트 폰 브란덴부르크(Albrecht von Brandenburg) 대주교의 이름하에 성 베드로 성당의 신축을 위해 진행된 캠페인이었다. 이 캠페인은 교황으로부터 전권을 부여받았다. 사람들은 사회적으로 매겨진 등급에 따라 돈을 지불하고 총 면죄부를 얻을 수 있었다. 또한 죽은 자를 위한 면죄부도 판매되었다. 이 사업에서 가장 중요한 홍보 담당자는 경험 많은 면죄부 설교자인 도미니크 수도회원

요한네스 테첼(Johannes Tetzel)이었다. 그리고 이 캠페인을 통해 얻은 수익은 알브레흐트 대주교가 아욱스부르크 푸거 은행에게 진 빚을 갚는데도 사용되었다. 이 빚은 알브레히트가 교황이 교회법을 어겨가면서 허락한 마인츠 대주교 자리와 막데부르크 대주교 자리를 위해 진 것이었다. 이렇게 제공되는 면죄부는 다른 방법으로는 절대로 용서 받을 수 없는 여러 위반들을 용서할 가능성을 갖고 있었다. 예를 들어 서원을 다른 경건 행위로 변환하는 것과 같은 것들을 말한다. 죄의 완전한 사면은 일생에 한 번 그리고 죽음의 위험에 처한 경우에 한 번 더 허락될 수 있었다. 사람들이 면죄부의 소유자로서 만나려고 하는 신부는 죄의 용서, 즉 죄가 사해졌다는 것을 선언할 의무가 있었다. 대주교의 이름 아래 확산된 지시에는 면죄부 설교자들이 이미 판매되는 구원 은혜를 더욱더 공격적으로 판매하라고 적혀 있었다. 믿는 자들은 그들이 절대로 거절해서는 안 되는 유일무이한 제안을 받고 있다는 인상을 받아야만 했다. 작센의 영지 내에서는 그들의 경쟁자인 브란덴부르크의 면죄부 판매는 금지 되었다. 게다가 루터의 영주인 프리드리히 폰 작센(Friedrich von Sachsen) 선제후는 매년 초 미제리코르디아스 도미니(*Misericordias Domini*)와 가을에 있는 만성절 두 날에 걸쳐 비텐베르크의 궁정교회에서 판매되는 풍성한 면죄부 상품들이 무가치하게 되는 것을 원하지 않았다.

후일 루터의 기억에 따르면 그는 테첼의 면죄부 선전에 따른 결과를 다음 사건으로 경험했다고 기억해내고 있다. 곧, 비텐베르크 시민이 가까운 막데부르크에서 면죄부를 구매하고서는 참회를 위한 최소한의 뉘우침도 없이 루터에게 신부로서 사면을 구했던 것이다. 이 이야기가 지어낸 이야기라고 해도 - 일반적으로 수도사와 신학교수인 루터는 정규적인 목회자의 고해를 비롯한 다른 성례 관리에 포함되지 않았다는 상황을 고려한다면 - 이는 루터가 가진 깊은 종교적 불쾌감과 점점 커가는 면죄부에 대한 신학적 비판이 어디에 근거했는지를 나타낸다. 즉 참회와 관련해서 볼 때 면죄부가 일으키는 파괴적 역할에 대한 불쾌감이었다. 루터의 신학에서는 인간의 양심에 따른 진정한 내면의 참회가 중요했다. 그리스도가 요구했듯 이를 구하고 자신의 모든 삶에 대입하는 자는 자신의 죄에 대해 증오로 불타게 되고, 하나님의 도움으로 더 나은 사람이 되려고 애를 쓰게 된다는 것이다. 면죄부처럼 진정한 참회를 불필요하게 하는 것에 근거한 체계는 두려움과 공포로 인해 천국이 아닌 오직 지옥으로만 인도할 뿐이라고 그는 확신했다. 루터는 스스로에게 중요한 그 참회 신학적 주제들 이외에도 평신도들의 입에서 나오는 정당한 관점들 또한 수용하였다. 곧, 면죄부를 통해 죽은 자들이 즉시 연옥에서 사함을 받았다면 왜 계속해서 추도 미사가 존재하는가? 왜 진실한 참회자들은 면죄부에 준하는 구원 보증을 경험하지 못하는가? 왜 교황은 돈이 없어도 선물할 수 있는 것을 돈을 받고 판매하는가?

　95개 조항들은 그 시대 교회 실상의 핵심적인 측면에 대한 근본적인 공격을 가할 잠재력을 지니고 있었다. 루터가 면죄부에 대한 자신의 문제 제기가 일으키는 필연적인 결과들을 점차적으로 확실히 인식했다 하더라도, 이 조항들에 대한 신속한 반응들은 몇몇 동시대인들이 이에 대해 전율했다는 것을 의심의 여지없이 보여준다. 책임이 있는 알브레흐트 폰 브란덴부르크 대주교 또한 그들 중 하나였다. 알브레흐트는 이 95개 조항을 면죄부 판매를 즉시 중단할 것을 요구하는 루터의 편지와 함께 받았다. 이 편지에는 면죄부의 의지한 양떼들은 면죄부 때문에 자기들이 죄의 용서를 받았다고 하는 불길한 확신에 사로잡혀 있고, 이로 인해 그들의 영혼의 구원이 위태롭게 되었다는 내용을 담고 있었다. 이 편지의 날짜는 1517년 10월 31일로 되어 있으며 서명으로는 최초로 그리고 앞으로 표준적으로 존재할 이름인 '루터'를 사용하였다. 어쩌면 루터는 이 '한쪽 귀퉁이에서의 발걸음'을 자신의 전기의 전환점으로 여겼는지도 모른다.

이 조항들을 대학문에 게시한 사건은, 그러니까 실제 그런 일이 있었다 한다면, 그것은 결코 커다란 충격을 줄 만큼 특별한 행위는 아니었다. 루터의 죽음 후에 이러한 게시에 대한 이야기가 전해졌다는 것은 별다른 의미가 없다. 왜냐하면 이러한 공개 형식이 당시에는 일반적이고 또 정관들 안에 명시되어 있는 것이었기 때문이다. 그런데 훗날의 기념문화가 이 조항의 게시를 비장한 전투와 고백의 사건으로 미화한 것이다. 알브레히트 대주교는 루터의 편지를, 그의 신앙의 정통성을 마인츠 신학부와 함께 점검하고 로마에서의 이단 심판을 진행할 기회로 삼았다.

95개 조항에 대한 비텐베르크 초판은 확인되지 않는다. 그렇지만 이 원판이 존재했다는 사실은 믿어도 될 것이다. 이미 1517년에 라이프찌히, 뉘른베르크와 바젤에서 복사본이 등장했다. 또한 독일어 번역판도 존재했다고 하는데, 남아 있지는 않다. 루터는 이러한 매체에 의한 성공에 대해 회의적이었다. 루터에게는 학문적인 독자를 위한 특정한 조항들이 평민들에게는 이해되지 않아야 한다고 확신했다. 1518년 초 발표한 "면죄부와 은총에 대한 설교"(*Sermon von Ablass und Gnade*)는 일반적인 독자를 겨냥했다. 1년 사이 대략 24번이나 재발행되었는데 이것은 곧 루터의 문학적 성공이었다.

〈"면죄와 은총에 대한 설교" 표지, 1518년 팸플릿〉

1518년 초부터 죽을 때까지 루터는 끊임없는 공개적인 토론에 임하게 된다. 루터의 첫 정적들은 요한 테첼과 그를 보좌하는 프랑크푸르트 안 더 오더의 신학교수 콘라드 빔피나(Konrad Wimpina)였다. 그 다음 정적들은 잉골슈타트 요한네스 엑크(Johannes Eck)와 로마 교황청 신학자 실베스트로 마쫄리니(Sylvestro Mazzolini, 프리에리아스[Prierias]라고도 불리운다)였다. 루터를 향한 '정교'의 비판에는 구속력 있는 교회의 권위에 대한 질문이 빠르게 핵심으로 자리했다. 루터의 정적들은 루터가 콘스탄츠에서 화형 당한 프라하 대학의 선생이자 루터와 마찬가지로 면죄부를 비판하였고 교황의 권위에 대해 문제 제기를 한 얀 후스와 사상적으로 비슷하다며 꾸짖었다. 루터를 비판하는 자들은 교황적 교회 이론들, 즉 교황의 무한한 권세를 강조하는 구상들을 선전했다. 중세 후기 로마 가톨릭교회 내에 있던 대안적인 표상들은 지지를 받지 못했다. 루터의 도발로 인해 가톨릭의 신학은 교황의 규범적인 권위와 교황에게서 인정받은 전통들에 유리하도록 신속히 변화하기 시작했다.

이 비텐베르크 신학자에 대한 로마의 재판이 천천히 진행된 것은 로마 교황청이 루터의 영주를 정치적으로 고려한 까닭이었다. 교황청은 황제 막시밀리안(Maximilian I.)의 손자인 스페인 합스부르크 가문의 카를이 황제 선거에서 황제의 후계자로 선출되지 못하도록 하기 위해서 프리드리히 선제후의 지원을 기대했기 때문이다. 1518년 10월 카예탄(Cajetan)이라고도 불리우는 토마스 데 비오(Thomas de Vio)와 루터가 아욱스부르크 회의 끝자락에서 벌였던 논쟁들은 루터에 대한 재판을 일정기간 지연시켰다. 물론 결국 루터로서는 수용할 수 없는 '입장 철회 요구'로 마무리 되었다. 눈에 띄게 루터를 지원한 쿠어작센의 행정부는 그 사이 이미 제일로 유명해진 교수 루터의 재판이 앞으로도 자신들의 영지 안에서 이루어질 수 있도록 노력하였다.

1518년 루터는 더이상 멈춰지지 않는 문서 생산 시기에 들어섰다. 그는 인쇄 과정에 대한 정확한 지식을 습득했고 이 지식을 활용할 전략을 세웠으며, 아직까지는 유일한 비텐베르크 요한네스 라우 그루넨베르크(Johannes Rhau Grunenberg) 인쇄소의 생산 능력을 높이기 위한 대책들을 찾기 위해 노력했다. 루터는 그루넨베르크 인쇄소가 특히 루터와 카를슈타트가 생산하는 인쇄 양을 감당할 수 없었기 때문에 계속해서 초판을 들고 라이프치히로 건너갈 수밖에 없었다. 1518/19년에는 비텐베르크 활판 인쇄 시설이 확장되어야 한다는 것이 분명해졌다. 1519/20년 성공적인 라이프치히 멜히오어 로터(Melchior Lotter) 인쇄소 중 한 지점이 비텐베르크에서의 활동을 개시했다. 이때부터 비텐베르크인들은 - 이 중에는 빠르게 루터의 편에 서서 다량의 헬라어 원전들을 발표한 학자 필립 멜란히톤(Philipp Melanchthon)도 포함되었다 - 어느 정도 충분한 인쇄 생산량을 통해 그들이 벌이고 있는 문서적 전투를 감당할 만한 수용력을 갖추게 되었다.

종교개혁은 교회사에서 인쇄 매체를 활용한 최초의 '이단 사건'이었다. 루터는 그를 향한 다양한 적대적인 공격을 처음부터 인쇄된 글의 공개성으로 정면 돌파했다. 그는 매번 대단히 신속하게 반응했다. 루터는 자신의 글들이 때로는 10번도 넘게 재 발행되는 형식으로 구체화된 신속한 호응을 힘입어 이전에 어느 작가와도 비교 할 수 없을 만큼 출판계를 지배했다. 대체로 적은 분량으로 쓰여진 루터의 글들은 이를 재발행하는 많은 인쇄소들에게는 유리하게 작용하였다. 검열 대책으로는 종교개혁적인 저널리즘의 여론 지배력을 몰아낼 수 없었다. 이 현상은 초기 자본주의 시장경제의 수요와 공급이라는 역학구조에서 온 것이었다.

세인의 이목을 끌만한 몇몇 공개 토론들은 사람들로 하여금 루터 편에 서도록 하는 데에 중요한 역할을 하였다. 1518년 4월 하이델베르크 아우구스티누스 수도회에서 개혁수도원 연합회의 성직자 총회 내에서 루터의 신학에 대한 공개 토론이 열렸다. 이 토론의 청중들 중에는 훗날 남서독일에서 활동한 종교개혁자들도 참석하였다. 이들은 루터의 바울과 아우구스티누스에 대한 능숙한 해석으로 인해 그의 개혁에 참여하게 되었다. 이와 유사하게 개혁을 활성화시킨 사건은 1519년 여름, 3주간에 걸쳐 진행된 라이프치히 논쟁이었다. 대단히 오랜 문서적인 발표들이라는 전주곡이 있은 이후 잉골슈타트 신학자 요한네스 엑크와 비텐베르크 동료인 카를슈타트와 루터가 마주하게 되었다. 카를슈타트는 엑크와 아우구스티누스의 은혜와 의지의 가르침에 대해 논쟁하였고, 루터는 엑크와 교회 안에서의 권위에 대한 질문에 집중함과 동시에 공의회에 오류가 없다는 점 또한 반박하였다. 수백 명의 청중이 참여하고, 비텐베르크 대학교의 입학자 수를 기하급수적으로 늘리게 한 이 라이프치히 논쟁 이후 엑크는 불같은 열정으로 루터와 카를슈타트의 유죄판결을 얻어내기 위해서 힘을 다 쏟고 로마로 떠났다.

라이프치히 논쟁과 1520년 10월 비텐베르크에 파문위협령 '*Exsurge Domine*'(주여, 일어나소서)이 도착하기까지의 약 1년 사이에 루터는 문서적으로도 신학적으로도 그의 가장 중요한 필생의 업적을 이루어 냈다. 루터는 16개의 라틴어 문서들과 21개의 독일어 문서들을 출판하였다. 이 문서들은 243개의 인쇄물로 출판되었는데, 그 중에서 60개는 라틴어로, 183개는 독일어로 출판되었다. 지식인의 언어로 쓰여진 상세한 성경 주석과 작은 논쟁 서적 외에도 기독교인의 삶의 방식과 죽음의 동반, 성례, 복음서에 적합한 금융 제도 그리고 기독교적인 교회 이해와 같은 근본적인 시각에 대한 독일 경건 서적들이 전면에 등장했다. 이 경건 서적들은 높은 재발행 숫자를 기록하였고, 이는 아마도 사람들의 근본적인 관심을 건드렸기 때문으로 보인다.

《(대) 루카스 크라나흐 (Lucas Cranach d. Ä.): 루터 초상화, 1520년 동판화》

    1520년 여름 논문 "독일 기독교 귀족들에게 고함"(*An den christlichen Adel deutscher Nation*)을 통해 루터는, 엄밀히 말하자면 자신의 인생에서 종교개혁에 관한 가장 중요한 글을 발표한다. 모든 기독교인은 자신이 있는 곳 어디에서든 전 기독교의 '개선', 즉, '개혁'을 위해 부름 받았다고 느껴야 한다는 것이다. 성도의 참여에 대한 합법화의 근거로는 믿는 자와 세례 받은 자의 만인사제설의 가르침(벧전 2:9)이 제시되었다. 모든 기독교인은 하나님께로부터 같은 자격을 부여 받았고 하나님께서 보내신 곳 어디에서든 교회의 구원에 대한 의무를 지녔다는 것이다. 황제와 귀족뿐 아니라 시 의회 의원들 그리고 '일반인들' 또한 눈만 뚫린 투구를 쓴, 잠재적 주인공들이었다. 루터는 교황교회의 대리자들이나 이제는 노출된 최후의 그리스도의 적, 즉 적그리스도로 낙인찍힌 교황에게서는 더 이상 본질적인 개혁의 협력을 기대하지 않았다. 오히려 그 반대의 입장을 취했다. 자신의 파문을 인지한 상태에서 작성한 글인 "교회의 바벨론 포로에 관하여, 서론"(*De captivitate Babylonica ecclesiae praeludium*)은 로마의 성례전 교회와의 단호한 단절을 실행하였다. 이 글에서 루터는 일곱 가지 성례 중 다섯 개의 정당성을 부정했다. 이 중 단지 세례와 성만찬만을 인정했는데, 이는 그리스도가 제정하였으며 믿음을 일깨워주고 강화하는 약속의 말씀으로 베풀었기 때문이다. 특정한 의식을 성스러운 행위의 반열에 세워 올릴 수 있는 기준을 제시하는 심급이었던 전통은 말씀 원리('오직 말씀'; *sola scriptura*)의 이름으로 거부되었다. 이때까지 루터에게 감탄한 몇몇 인문주의자들은 "교회의 바벨론 포로에 관하여"의 극단성 앞에 뒷걸음질쳤다.

파문 위협령은 루터의 가르침을 대부분 그 문맥에서 떼어낸 40개의 문장에 근거하여 고소했다. 루터에게는 이 파문령을 받은 이후 60일 동안 자신의 주장을 철회할 시간이 주어졌는데, 아마도 이 기한은 1520년 12월 10일 만료되었을 것이다. 이 날 루터는 파문령과 교회법률 그리고 교황교회적인 몇몇 신학자들의 과거 서적들과 최근 서적들을 비텐베르크 정문 앞에서 불태웠다. 대학 위원회가 참석한 가운데 벌인 이 상징 행위는 법률 의식의 종류 중 하나로 이해할 수 있다. 예수 그리스도의 교회의 대리자로서 루터는 교황이 관리하는 교회를 파문했고 그들의 존재 근원을 상징적으로 파괴한 것이다. 동시에 이 행위는 제국 전체에 반포된 루터와 그의 추종자들에 대한 로마교회의 이단 판결에 따라 이루어진 루터 문서들의 소각에 대한 응답이었다. 이러한 사건들 또한 루터로부터 시작된 움직임이 얼마나 인쇄된 서적에 좌우되었는지를 보여준다.

〈한스 발둥 그리엔(Hans Baldung Grien): 루터 초상화, 1521년 목판화〉

1520년 말에서 1521년 초에 제국에는 큰 소요가 있었다. 많은 기대를 받으며 새로이 선출된, 청소년 황제 카를 5세(Karl V.)는 이 '루터 사건'에 대해 어떠한 태도를 취하려고 했던가? 1521년 초 카를 5세는 자신이 주재한 첫 번째 제국회의인 보름스 회의로 루터를 초대한다. 교황으로부터 최종적인 판결을 받은 이단자가 (파문령 '*Decet Romanum Pontificem*', 1521년 1월 3일), 제국 최고의 정치 무대에 초대 받은 것은 선제후령 작센의 외교와 황제가 독일의 심적 상태를 고려한 결과였다. 왜냐하면 독일은 오래 전부터 로마로부터 속임을 당하고 경제적으로는 착취를 당하고 있다고 느꼈기 때문이다. 수십년 전부터 독일 제국의회는 이에 상응하는 항의 카달로그인 『독일 민족의 불만』 (*Gravamina der deutschen Nation*)을 작성했다. 제국 내의 국민적 성향은 이 '루터 사건'과 결부되었다. 제국은 더 이상 교황의 판결을 집행하는 단순한 하수인으로 머물려고 하지 않았다. 이에 따라 교황에게 법률상 효력이 있는 판결을 받은 이단자 루터는 이례적으로 독일 제국의회로 소환된 것이다.

비텐베르크 의회가 제공한 마차를 타고 보름스로 향한 루터의 여행은 대중의 주목 속에서 진행되었다. 많은 도시에서 루터는 열광적인 환영을 받았고, 어떤 지역에서는 설교를 하기도 하였다. 늦어도 이때부터는 루터 스스로도 자신이 어떠한 '움직임'을 일으켰고 자신이 다양한 개혁 갈망에 대한 희망의 주체가 되었음을 자각하였다. 그때부터는 근심과 자신에 대한 회의와 시련을 지닌 실제의 인물 루터 외에도 상반되는 각종 기대가 투영된 대중매체들의 스타이자 영웅, 카리스마적인 지도자 루터도 존재하게 되었다. 루터 스스로도 자신이 벌인 사건이 거둔 '성공'에서 하나님의 역사하심을 보았다. 그는 스스로를 '선지자', 즉 하나님의 복음을 전파할 의무를 지닌 말씀의 해석자로 이해하였다. 온 나라를 쓸고 지나가는 말씀의 폭우에서 루터는 가까운 심판의 날의 코앞에서 베풀어진 하나님의 마지막 은혜의 행위를 보았던 것이다.

〈황제와 제국 앞에 선 루터. 1521년 발표된 팸플릿의 표지〉

1521년 4월 17일과 18일, 황제와 제국 앞에 선 것은 아마도 루터의 인생에서 가장 주목할 만한 장면이었을 것이다. 이 장면은 곧 그의 추종자들로부터 자신의 믿음을 드러낼 수 있는 영웅적인 용기와 흔들림 없는 확고함의 모범으로 표현되었다. 루터의 유명한 문장이지만 실제 그는 그렇게 말하지 않은 문장인 "내가 여기 서 있고 달리 행할 수 없사오니, 하나님이여 나를 도와주소서, 아멘"은 재빠르게 보름스 제국의회에 관해서 전하는 독일어로 된 인쇄물에 자리 잡게 되었다. 루터 자신은 초기 서신에서 이 보름스 사건을 극도로 덤덤하게 평가한다. 루터는 그가 책상에 쌓여 있는 여러 권의 서적들 앞에 놓여졌으며 이 서적들을 그가 작성했는지, 그리고 이를 철회할 의사가 있는지에 대한 질문을 받았다고 한다. 사실 자신의 가르침에 대한 내용적인 토론을 기대한 루터였기에 당황한 채 하루의 생각할 시간을 요구했다. 둘째 날 루터는 라틴어로 쓰인 짧은 연설문을 준비했다. 이제서야 루터는 자신의 다양한 유형의 문서들을 구분하였다. 경건 문서들은 의심의 여지없이 탁월하다고 보았다. 비록 자신의 팸플릿에서 때때로 교황과 그의 옹호자들을 날카롭게 공격했다 해도, 객관적인 관점에서는 아무것도 철회할 수 없다는 것이었다. 철회에 대한 거절은 말씀에 결부된 자신의 양심을 근거로 삼았다. 이 장면은 신화적으로 그려질 가능성을 내포하고 있었다. 이 영웅적이고 순교할 준비가 되어있으며 반박 받지도 못한 채 판결 받은 신앙고백자 루터는 그의 삶에서 단 한번뿐인 세계사적인 장면을 감당해냈던 것이다.

제국의 정치적인 차원에서 '루터 사건'은 사실상 종결되었다. 이는 회의 마지막 날 황제가 앞으로 자신의 행동에 대한 근간이 될 지령, 즉 '보름스 칙령'을 발표했기 때문이다. 루터는 이단자로서 계엄령에 따른 사형, 즉 '법률의 보호 밖'에 놓이게 된 것이다. 이는 루터의 가르침을 따르고 루터와 그의 추종자들의 글을 소유하거나 전파하는 모든 자들에게도 유효하였다. 이 법률 문서로 모든 문제들이 정리되지 않은 것은 제국의 정치적인 구조 덕분이었다. 왜냐하면 이런 부분에 대해 황제는 집행에 대한 재량권을 갖고 있지 않았고, 보름스 칙령을 실행에 옮기는 것은 각 영주들에게 달려 있었기 때문이다. 그렇지만 이 칙령을 받아들인 영주는 많지 않았고, 그 외 다른 영주들은 결정을 보류하거나 또는 이제 형성 되어가고 있는 개혁 움직임을 지원하였다.

루터 자신은 죽음의 위협 속에서 떠돌아 다녔다. 프리히드리히 폰 작센 선제후는 그를 은밀하게 아이제낙흐 윗 지방인 바르트부르크로 데려오게 하였다. 이 사건은 습격으로 가장되었고, 이로 인해 세상 사람들은 한동안 이 일을 폭력적인 범죄 행위로 알고 있었다. 문서상으로 다시금 루터가 등장했을 때에 비로소 루터의 사건은 계속 진행되고 있는 것은 물론, 이제는 유럽 전체를 엄습하고 있다는 사실이 분명해졌다.

5
제국 내부와 유럽 전역에서의 종교개혁

 루터가 95개 논제들을 발표한지 1년 후인 1518년 10월 바젤의 요한네스 프로벤(Johannes Froben) 인쇄소에서 루터가 지금껏 발표한 가장 중요한 글들의 첫 모음집이 출간되었다. 이 모음집에는 루터의 동료인 카를슈타트의 글 하나와 그의 로마 정적 프리에리아스의 글도 함께 실렸다. 요한네스 프로벤과 그의 동료들, 바젤의 인문주의자들과 에라스무스가 신뢰한 몇몇 인물들은 이 책으로 국제적 대중성을 얻으려고 하였다. 1519년 2월 프로벤은 루터에게 이 모음집이 이탈리아, 영국, 스페인과 프랑스에서 많이 판매되고 있다고 전했다. 이것은 지금까지 루터의 출판 경력에서 가장 성공적인 책이었다. 로마의 판결이 끝나기도 전에 이미 루터와 카를슈타트는 유럽 지식인 집단의 시야에 포착되었다. 그들의 주장은 수많은 갈채를 받으며 보존되고 확산되었다. 네덜란드, 특히 라이덴과 안트베르펜 그리고 프랑스에서도 루터의 글들과 비텐베르크 논제들의 재발행본이 등장하였다. 루터의 글에 민감하게 반응하며 그의 글을 유포시키고 재발행하는 유럽 인문주의자들의 정보망 외에 루터가 처음으로 큰 동의를 얻은 무리는 그의 수도회 회원들이었다. 루터 가르침의 결정적인 근본인 극단적인 아우구스티누스의 은혜 신학은 아우구스티누스 수도회에서 특별한 지지를 얻었다. 더욱이 그들은 경쟁 대상인 도미니쿠스 수도회에게 비판받고 있는 그들의 형제 루터와 일치하고 있음을 보여주고 싶었다. 루터 글들 중 초기 네덜란드어 번역본들 또한 아우구스티누스 수도회가 추진한 결과였다. 1523년 7월 1일 브뤼셀에서 화형 당한 종교개혁 최초의 피의 증인들인 헨드리크 포에스(Hendrik Voes)와 얀 폰 에쎈(Jan von Essen) 또한 이 수도회의 회원들이었다. 이들의 순교는 큰 문학적인 반향을 일으켰고 곧 다양한 언어에서 베스트셀러가 되었으며 순교문서라는 번창하는 장르의 발단이 되었다. 루터의 첫 교회 성가는 이들의 추모에 헌정되었다.

수도회 형제들 외에 학생들 또한 종교개혁 내용의 확산에 상당한 의미가 있는데 이는 그들이 활동적인 집단이었기 때문이다. 1518/19년부터 유럽 각지에서 학생들이 비텐베르크로 밀려들어 왔다. 이들 또한 서적들이 이곳에서 저곳으로 이동하고, 재발행 되면서 다른 종교개혁자들의 글이 미처 도달하지 못한 지역에까지도 전파되는 것에 일조했을 것이다. 보헤미아, 헝가리, 영국, 프랑스와 스페인에서의 최초의 종교개혁 자취들은 활동적인 대학 환경들과 밀접한 관계가 있다. 때때로 종교개혁 글들은 '한자 동맹'의 판매망 안에 있는 상인들에 의해서도 전파되었다. 일부 동해지역 도시에서는, 물론 다른 지역에서도 마찬가지였지만, 독일 주민들의 수가 상당히 많았던 것이 종교개혁 작가들의 작품에 풍성한 텃밭이 되어 주었다. 독일어를 사용하지 않은 영역에서는 종교개혁의 발전이 우선적으로는 소지역 단위로 진행되었다. 이때 문자적으로 매개된 전달 과정이 중요한 역할을 하였다.

전 유럽과 마찬가지로 신성로마제국에서도 도시들이야말로 경제, 문화, 의사소통이 가장 충만한 지역들이었다. 도시에서는 경건성 또한 아주 집중적으로 표출되었다. 다른 어느 곳보다 도시들에서야말로 교회, 수도원, 기부된 성화들과 '영적인 사람들', 즉 신부, 수도사들과 수녀들이 존재했다. 어떤 교회들은 한 다스나 되는 제단들과 부분적으로는 빈약한 성직록을 받는 수 없이 많은 보좌신부들을 두고 있었다. 이 신부들은 각각의 기부자들을 위해서 그리스도의 몸을 봉헌하는 일을 하였다. 루터가 생산하는 글들 또한 도시에서 우선적으로 관심을 받은 것은 이러한 배경을 고려한다면 놀라운 일은 아니다.

많은 곳에서 일어난 종교개혁의 전개는 루터의 글을 읽는 것으로부터 시작되었다. 인쇄소가 있는 대도시에서는 루터의 글들은 신속하고도 정기적으로 재발행되었다. 라이프치히, 뉘른베르크, 슈트라스부르크, 아욱스부르크, 바젤, 취리히, 에어푸르트, 또는 슈파이어, 마인츠, 보름스와 같은 도시들은 곧 종교개혁 인쇄 중심지로서의 중요한 역할을 하였다. 재인쇄를 하게 되던 당시 출판사들의 생각을 오늘날의 외부적 시선으로는 들여다 볼 수 없는 경우들이 종종 있다. 하지만 이러한 경우에는 당연히 주인공들, 곧 내용적인 이유 때문에 루터의 주장을 전파하는 것을 중요하게 여긴 사람들이 재인쇄 결정 과정에 개입되었으리라는 것은 전제해 볼 수 있을 것이다. 경우에 따라 곳곳에 거주하는 성직자들이 이러한 역할을 감당했다. 민중 언어로 작성된 종교개혁과 관련된 글들은 읽을 능력을 갖춘 사람들 너머로도 전파되었다. 때에 따라서 종교개혁 팸플릿, 즉 편찬되지 않고 판매된,

적은 쪽수와 비교적 값싸고 선동적이면서 선전적인 내용을 담고 있는 4절판의 서적에는 이러한 언급도 찾아볼 수 있다: "이것을 읽거나 읽는 것을 들은 자들은…" 그렇기 때문에 4절판 서적들은 일반적으로 소리 내어 읽혀지고, 공개된 장소, 즉 여관과 광장 내지는 교회에서 들을 수 있었다고 추측할 수 있다. 당시 주민의 문맹률이 30-50%인 것을 감안한다면 종교개혁의 내용은 글을 읽지 못하거나 또는 책을 소유하지 않은 이들에게도 전달된 것은 분명하다.

인쇄물 이외에도 종교개혁적 사상들은 몇몇 도시에는 설교를 통해 제법 초창기에 전파되었다. 개별적인 신부, 수도사 내지는 교회 목사들이 루터의 발의를 받아들이고 동시대 교회의 특정한 현상들을 비판하기 시작했다. 행함의 경건과 특정한 공로에 따른 '의롭게 됨'을 반대하는 이 투쟁은 곧 전율을 일으킬 만 한 것들이었다. 여기에서 오는 결과 또한 분명하였다. 무엇 때문에 어디에도 쓸모없고 오히려 성경에 기재된 신앙의 본보기와는 상반되는 서원을 하고 식사 규정을 지키며, 성지순례를 행하고 면죄부와 성례를 받고, 신성한 대리인들에게 기도를 올려야 하는가? 오직 말씀(*sola scriptura*), 오직 은혜(*sola gratia*), 오직 믿음(*sola fide*), 오직 그리스도(*solus Christus*)로의 종교개혁적인 집중이 전통적인 교회에 대한 크고 작은 거부의 결과로 나타난 것은 몇몇 도시 종교개혁 과정에서 지체 없이 나타났다. 기존 예배 의식을 반대하는 시도들은 피할 수 없는 일이었다.

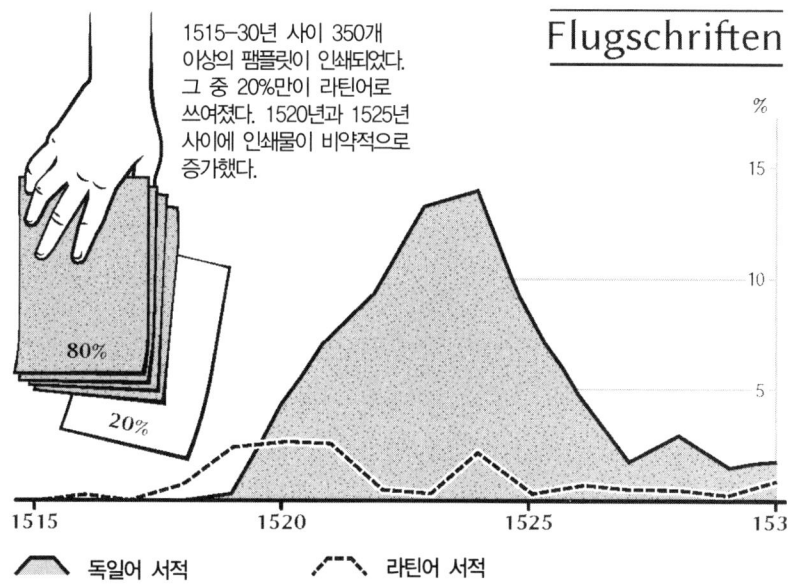

라이프치히 논쟁 이후인 1519년 여름부터 익명의 4절판 서적 작가들과 루터와 그의 주장을 문서적으로 옹호하는 추종자들이 평신도 무리 안에서 등장했다. 이후 몇 년 동안에 이들에게서 점차 확산되어 가는 움직임이 생겨났다. 1523/24년 전후로 종교개혁 서적은 그 수량으로 볼 때 최고점에 도달했다. 이 2년 사이에 비텐베르크 '이단자'로부터 유래한 가르침을 지지하는 2,000 가지 종류 이상의 서적들이 출판되었다. 반대로 옛 교회를 옹호하는 이들은 어려움에 처했다. 이들의 글을 출판하려는 인쇄소는 물론, 그들의 글을 읽으려는 이들도 거의 없었다. 종교개혁의 발전을 위한 작가들 중에는 다수의 평신도도 등장했는데, 이들은 만인사제설의 부르심에 근거하여 공개적으로 말씀을 전하며 복음서의 가르침이 전파되도록 하며 이 가르침을 위해 나선 이들이 더 이상 억압받지 않도록 하는 일을 위해서 헌신하였다.

배우지 못한 평민들과 여성들 또한 이러한 방식으로 종교개혁 작가로서 활동하였다. 그러나 농민전쟁(1524/25) 이후 대다수의 이러한 작가들은 다시 침묵하였다.

종교개혁은 많은 도시들에서 매력을 발하였는데, 이는 교회를 도시 자체의 통제 하에 놓을 수 있는 가능성을 제공했기 때문이다. 종교개혁이라는 전제 조건 아래에서 중세 후기에 깊이 뿌리박힌 도시의 교회 통치권 구축을 위한 노력은 가속화되고 완성될 수 있었다. 도시에서의 종교개혁 과정에는 특정한 종교적 내용과 요구, 즉 민중 언어로 된 자유로운 설교, 또 제정 규정에 맞는 떡과 포도주의 성찬과 전승된 교회에서의 특정한 행위의 폐기 등이 더욱더 명확하게 공개된 장소에서 대두되는 것이 그 특징이었다.

설교자들은 모두가 교회의 회복을 선전했다. 큰 무리로 이루어진 모임들로부터 점차 실력행사를 하는 공동체가 생겨났는데, 이들은 기존 교회의 상징들인 신부와 수도사, 교회 장식, 성지 순례, 식사 규칙들을 공공연하게 공격했고 도발적인 구상들을 가지고 마주섰다. 비텐베르크에서 신부들은 학생들에 의해서 미사를 방해 받았고, 수도사들은 돌에 맞기도 하였다. 1519년 초부터 평신도 신부인 울리히 츠빙글리(Ulrich Zwingli)의 지도 아래 성경 위주의 그리고 교회 비판적인 설교가 전파된 취리히에서는 1522년 초부터 시위적 목적을 가진 금식 파기들을 하기에 이르렀다. 1522년 1월, 아마도 카를슈타트의 권고에 따라 의회의 권위 아래에 있는 비텐베르크에서는 최초의 종교개혁적인 교회 규정에서 교회 안에 있는 성화를 제거하기로 결정되었다. 루터는 바르트부르크에서 돌아온 이후 이 규정을 근본적으로 문제 삼았다. 비텐베르크를 비롯해서 시작해서 몇몇 지역들에서는 교회들이 소탕되고 성화는 제거되었으며, 때에 따라서는 즉흥적으로 파괴되기도 하였다.

다양한 도시들 예를 들어 뉘른베르크에서는 최초의 종교개혁적인 처방들은 일종의 사회 정치적인 것들이었다. 동냥 행위의 금지가 그런 것이었는데, 이는 기부가 더 이상 '선한 행위'로 여겨지지 않았기 때문이다. 대신 자치단체적인 빈민 구호시설을 조직하고, 이를 통해 그에 대한 권리가 있는 시민들과 이에 포함되지 않는 빈곤층을 구분했다. 몇몇 지역에서는 종교개혁적인 생각을 가진 설교자들이 평신도들에게 성찬에서 잔을 건네주는 일도 발생했다. 이 역시도 1521년 크리스마스, 카를슈타트의 비호 아래 떡과 포도주로 구성된 성찬식이 최초로 이루어진 비텐베르크와 결부된 사건들이었다.

1521년부터 성직자들은 결혼 생활을 시작했고 자신들의 성욕을 인정했으며 그들의 내연 관계를 합법화하고 이를 통해 교회법에 의거한 독신제도를 공공연하게 파괴했다. 수도사의 서원에 대한 루터의 글 "수도 서약에 관하여"(*De votis monasticis, 1521*)의 등장 이후 수도사들은 수도원을 떠나기 시작했다. 위에 언급한 모든 사건들에 대한 4절판 서적들이 출판되었는데, 이것들은 독자들에게 교회법에 대한 저항과 교회의 구제도에 반대한 크고 작은 봉기들에 관한 소식을 확산시키고 다른 지역에서도 합류할 것을 선동하였다. 서적 인쇄는 멀리 떨어진 장소와의 정보 전달이 이루어지는 관계를 만들어 냈다. 종교개혁 움직임은 그 형성과 발전에 있어 본질적으로 현대적인 정보 기술 수단의 덕을 보았다.

도시적 맥락에서는 자치 단체와 교회 기관들은 종교개혁적 충격에 일반적으로 신속하게 반응했다. 주교의 재판권을 가진 해당 사법 기구는 법 위반에 대한 형을 선고했다. 취리히 관구를 담당하는 콘스탄츠의 주교는 즉시 금식 폐지자 들을 처벌하기 위한 대책을 세웠다. 그러나 취리히 의회는, 모든 부분에서 그 가치를 인정받고 있는 츠빙글리의 조언을 따라 위반자들을 보호했고 이후에는 다른 곳에서도 많이 본보기가 된 절차를 밟았다. 1523년 1월에 진행된 공개 토론에서 식사 규정에 관한 츠빙글리의 비판이 성경의 권위에 적합한지 아닌지가 규명되어야 했다. 시 의회는 이 핵심적인 신학과 교회법에 관한 질문에 대한 결정을 보류하였고, 이는 주교가 다스리는 교회의 의결 구조와의 근본적인 단절을 의미했다.

이 첫 번째 논쟁과 얼마 후 1523년 10월에 진행된 두 번째 취리히 논쟁 이후 도입된 종교개혁적 대책들은 전체적으로 도시 종교개혁 과정의 특징을 나타냈다. 시의회는 그들이 신뢰하는 성직자들에게 시내와 취리히에 포함된 영지에서 복음적인 가르침의 선포를 위임했다. 또한 교회 예배 의식의 변화를 지시했는데, 특히 떡과 포도주 성찬의 도입, 독일식의 세례 의식, 대중 언어로 이루어진 예배가 이러한 것들이었다. 의회는 교회에서 성화의 제거를 지시했고, 성직자의 재판권을 무력화했으며 이러한 중요한 과제를 대신해 줄 관청 기관을 세웠는데, 이것이 바로 취리히 가정법원이었다. 의회는 수도원의 해체를 추진했고 그들의 재산은 자치단체의 경영 하에 두었으며 '옛 신앙적인' 예배 의식, 특히 미사를 금지했다.

많은 경우에 이와 동일하거나 유사한 변화들이 도시에서 매우 신속하게 진행되었다. 각 도시들에서 종교개혁 움직임이 이루어지던 그 도입 과정은 빈번히 '옛 가르침'과 '새로운 가르침'을 대표하는 자들 간에 충돌이 뒤따랐고 이 충돌들은 조정과 완화의 단계로 넘어갔다. 도시 내 분쟁 관리진의 검증된 전략을 수용하면서 시 의회는 시민 위원회가 조직되거나 새로운 무리의 인물들이 전문위원회에 참여하도록 부추겼는데, 이 위원회가 구상하는 시나리오를 따라 종교개혁적인 변화의 계획이 진행되었다. 도시 종교개혁이 제도화 되어가는 과정에서는 교회 규정들이 도입되었는데, 이 규정들은 복음적인 가르침의 원칙, 민족의 언어로 된 예배의 형태, 불필요하게 된 영적 기구들의 앞으로의 활용에 대하여 그리고 이제까지의 교회적인 교육 제도와 사회 복지 제도의 새로운 규정을 정의 내려주었다. 때때로, 특히 귀족들의 세력이 우세한 도시에서의 종교개혁 움직임은, 지금까지는 치리되기만 했던 주민들에게 도시 치리에 동참할 수 있는 가능성을 마련해주는, 일시적으로는 성공적이었던 시도들과도 결합되었다. 전체적으로 봤을 때 도시 통치권을 가진 이들은 종교개혁의 도발에 유연하게 반응했다. 독일의 도시들 중 종교개혁으로 인하여 권력 관계와 정치적 구조에 근본적이고 지속적인 변화가 생긴 곳은 없었다.

도시들에서는 종교개혁의 과정이 이미 1520년 초부터 시작되었고 이는 국가 정치적인 기본 조건들이 이를 전적으로 장려한 덕분이었다. 구속력 있는 판결, 즉 두 번째 뉘른베르크 종교개혁 의회의 '의결'에서 (1523년 12월 1일) 기독교 교회에서 승인되고 수용되었듯이, 오직 성스러운 복음만이 설교 되어져야 한다고 규정되었다. 몇몇 시의회는 이를 종교개혁적인 설교의 허가권으로 받아들였다. 뉘른베르크, 막데부르크, 슈트라스부르크와 같은 도시에는 1524/25년부터 복음적인 교회 규정이 도입되었다. 1526년 첫 번째 슈파이어 의회에서 몇몇 도시들은 보름스 칙령을 실행하는 것이 불가능하다고 선언했다. 하나님의 말씀에 어긋난다하여 폐지된 예배 형식을 다시 회복시키기는 불가능하다는 것이었다. 회의 말미에 몇몇 제후들과 고위 성직자들은 보름스 칙령을 보편 공의회 내지는 국가 공의회가 소집될 때 까지만 이행하되, 그것도 하나님과 황제 앞에서 책임질 수 있는 만큼만 하겠다고 천명하였다. 종교개혁 측으로 기울어진 도시와 영지에서는 이 변화를 종교개혁의 도입을 위한 카르테 블랑쉐(carte blanche), 곧 백지수표로 여겼다.

영지에서의 종교개혁 과정들 또한 교회를 소유하거나 자신들의 권한 아래 두고자 하는 세속 지배자들의 이미 오래전부터 존재했던 시도들과 결부되었다. 몇몇 왕족들은 종교개혁 한참 이전에 자신의 영지 내의 성직자 지위, 즉 고위 성직자 직을 자신들의 통치술 속에 포함시켰으며 후에 태어난 아들과 딸 내지는 신임하는 이들을 주교, 수녀원장과 수도원장 및 성당 참사회원으로 임명했다. 영주들은 탁발 수도회와도 협력했다. 사회를 기독교화 하고 경건하게 교육시키려는 몇몇 수도사들의 목표는 국가의 안녕뿐 아니라 국민의 영혼 구제에도 책임을 느끼는 영주들이 추구하는 사회적인 내실화 노력과 일치하였다.

종교개혁 움직임이 도시를 벗어나 상거래와 시장 등으로 다양하게 엮여있는 지방에도 번지기 시작하자, 복음적인 생각을 품은 영주들은 영지에서의 종교개혁을 위한 방책들을 도입했다. 이를 위해 영주들은 일반적으로 그들이 신임하는 성직자나 법학자들을 활용하였다. 특히 각 지방대학에 재직하는 교수들은 영지에서의 개신교 교회 설립에 중요한 중추적인 역할을 형성했다. 1528년 최초로 쿠어 작센에서 비텐베르크 교수들과 함께 관철시켰던 모델을 따라서 교회 시찰과 주교구 재판소는 아주 중요한 도구가 되었다. 중세시대 주교 사찰의 전통에 따라 신학자와 법학자들로 구성된 위원회는 영주의 지시에 따라 영지 곳곳을 돌며 교회들을 검열하였다. 그들은 목사의 가르침, 도덕적인 생활수준, '공동 금고' 모델에 따른 재정 상황을 검열했다. 이 금고는 교인들이 관리하는 핵심 재정이었고, 이 안에는 다양한 기부금과 성직록들이 모였다. 이 금고에서는 목사, 교회 관리인과 선생들의 봉급뿐 아니라 교회 건축에 드는 비용과 같은 다른 내역들 또한 지출되었다. 위원회는 목사 자녀들의 이야기에도 귀를 기울이고 이들의 가르침을 위한 지침들도 주었다. 목사들의 지도를 목적으로 한 루터의 『대교리문답서』(Großer Katechismus)와 각 교인의 기초적인 기독교적 방향성을 전달하는『소교리문답서』(Kleiner Katechismus)는 종교개혁적 가르침의 내용 수준과 요구 수준을 규정하였다. 이미 1520년부터 많은 곳에서 당연해지고 자주 감동적으로 받아들여진 개신교 찬양들은, 교리문답서와 더불어 기독교의 근본을 형성하는데 있어 가장 영향력 있고 지속적인 매체가 되었다.

주교구 재판소는 종교개혁으로 인해 생성되어진 이른바 영주의 교회 통치권의 가장 중요한 법적 기관을 형성하였다. 이 기관은 주로 신학자들 - 대부분 교수들이나 교구 감독, 곧 아주 많은 수의 목회 구역을 영적으로 감독하는 자들 - 과 법학자들로 구성되었다. 이들은 교회법의 폐기와 주교들의 권한을 빼앗거나 또는 이 권한을 '비상 주교'인 영주들에게 위임하는 과정 속에서 발생한 과제들을 인지하고 있었다. 특히 혼인법과 연관된 분쟁들 - 우선적으로 약혼, 이혼의 구속력과 혼인관계가 금지된 촌수와 - 그리고 교회 가르침과 도덕적 훈육의 질문들을 다뤘다. 새 규정에서 이루어지는 재판 과정들은 영주와 도시의 교회 제도, 즉 대부분 신학자들이 작성하고 세속 정부가 공포하고 책임지는 법률 문서에 흘러 들어갔다. 이 문서들은 가르침과 예배 의식, 교육과 사회 제도의 형식을 규정했고 당연히 여러 세대에 걸쳐 유효하였다.

제국에서는 도시들과 군주들 외에도 두 개의 사회적 무리들이 1520년 초 자체 개혁을 진행하였다. 바로 농민 무리와 기사 집단이었다. 기사들은 종교개혁의 정신을 물리적 힘의 방식으로 변환시키려고 한 최초의 무리였다. 남서지방에서 싸워서 남서부 지방에 조그만 통치 영역을 약탈하여 일궈낸 제국 기사인 프란츠 폰 지킹겐(Franz von Sickingen)은 루터의 계획적인 책자 "독일 기독교 귀족들에게 고함"(*An den christlichen Adel*)에서 환영할 만한 기회를 감지했다. 이 기회란 자신의 행위를 종교적 정당성과 결부하고 한편으로는 도시로부터, 다른 한편으로는 영주들로부터 위태롭게 되고 문제 제기가 된 자신의 지위의 옛 '영광'을 회복시키는 것이었다. 인문주의 시인 울리히 폰 후텐(Ulrich von Hutten)은 이 '세속적 성직자'들과의 싸움을 선동했고, 프란츠 폰 지킹겐에게 사상적인 지원을 주었다. 그러나 지킹겐은 1523년 초 세 명의 영주의 군대로 구성된 연합군에게 패하고 말았다. 그의 통치 아래 최초로 시작된 군사적인 개혁이 만들어낸 모델은 그의 실패에도 불구하고 교본이 되었다. 작은 개신교 기사단들은 자신들이 종교개혁적 정체성을 장기적으로 탄탄하게 고수하는 것의 본산이라는 것을 수없이 부각시켰다.

농민들 무리 안에서 이루어진 종교개혁 과정 또한 목회자를 직접 선출하려는 후기 중세의 시도와 연결되었다. 농촌 주변 환경은 여러 가지 만연한 보좌 신부 제도와 그에 따른 부정적인 결과에 특히 노출되었다: 말하자면, 성직자들은 자신들도 알 수 없을 만큼의 많은 성직록을 축적했고, 이것을 잘못 양성되고 무분별하게 고용한 대리자들, 즉 보좌 신부들이 관리하게 하였다. 이러한 부정적인 결과들을 농민들은 자신들이 직접 목회자를 선출함으로써 모면하고자 했다. 나아가서 농민들은 그들만의 방식으로 종교개혁의 자유 복음과 자신들을 연계시켰고, 이 복음은 특별히 루터가 자신의 영향력 있는 글인 "그리스도인의 자유에 관하여"(*Von der Freiheit eines Christenmenschen*, 1520)를 통해 설파한 것이었다. 농민들은 무거운 세금 부담이나 노예 신분 해방의 요구를 종교개혁의 자유 복음과 연결 지었다.

1520년 초부터 작자 미상의 종교개혁 작가들은 문학적 인물인 카르스트한스(Karsthans)를 통해 결정적으로 농민들에게 다가갔다. 손도끼를 든 교활한 농민 카르스트한스는 직관적으로 종교개혁 신학의 중심 내용들을 파악했고, 이기적이고 우매한 성직자들에게 용기 있게 맞섰으며, 공격적으로 루터의 사건을 선전했다. 문학적인 구상의 형식 안에서 일찌감치 농민, 그리고 종교개혁의 마음을 품은 지식인 뿐 아니라 기사들의 대동단결이 이루어졌고 이들 모두는 성직자의 지배권을 흔들기 위해 노력했다.

1524년 여름 남쪽 슈바르츠발트에서부터 큰 무리의 농민들이 봉기를 일으켰고 점차 군사적으로 조직화하기 시작했다. 이 혁명적인 세력은 계속해서 확산되어 나갔다. 차츰 제국의 남서부 지방, 티롤, 엘사스, 프랑크와 튀링엔의 농민들이 무장을 하였다. 이들은 수도원과 성채들을 정복했고 몇몇 지역에서는 통치자들에게 보상 협의를 강요했다. 아마도 멤밍엔의 모피 제조업자인 세바스티안 롯처(Sebastian Lotzer)가 작성하고 가장 성공적인 4절판 서적 중 하나로 꼽히며 전파된 요구 카달로그인 "농민들의 12개 조항"(*Zwölf Artikel gemeiner Bauernschaft*)을 통해 제국의 농민 무리는 공동의 목표 설정을 갖게 되었다.

종교개혁과의 협력을 꾀하고자 한 농민들의 시도는 산발적인 성공으로 끝이 났다. 루터 학파에서 파생한 탁월한 계시 설교자 토마스 뮌처(Thomas Müntzer)는 루터에게 깊은 불신을 안겨 주었다. 뮌처는 튀링엔의 뮐하우젠으로부터 시작해서 직업을 따른 짧은 체류들을 전전하면서 의미로 볼 때 급진적이라고 할 그의 신학으로 농민들에게 영향을 주고자 노력했다. 불행하게도 루터는 농민들 모두가 뮌처의 선동적인 관념의 영향 아래 있다고 여겼고 그렇기 때문에 인정사정없는 농민들의 타도를 긍정하였다. 이로 인해 훗날 루터가 농민들에 대한 승자의 야만적인 심판권 행사를 부추긴 것처럼 비쳐졌다. '평민들'과 '민족영웅' 루터 사이의 안정적인 관계는 1525년부터 끊어진 것이다.

〈1521년 책자 "카르스트한스(Karsthans)"의 표지〉

위에서 묘사한 도시, 제후들의 영지들 그리고 기사 신분에서의 종교개혁적인 변화의 형태들은 단지 제국에만 국한된 것이 아니라 유럽의 다른 국가들에서도 그러한 변화들이 있었다. 곧 종교개혁이 언급할만한 가치 있는 성공을 이루기는 했지만, 그러한 성공이 단지 한명의 군주의 결정에 의한 방식이 아닌 국가들도 있었다. 프랑스, 네덜란드, 스코틀랜드, 보헤미아, 헝가리, 폴란드와 발트해 연안 국가들이 이에 해당된다. 이와 반대로 덴마크(노르웨이와 아일랜드 포함)와 스웨덴(핀란드 포함)에서의 종교개혁은 도시와 귀족들의 개혁 발단이 왕가가 바뀌는 전환 과정과 맞물려서 이루어졌다. 스칸디나비아 왕가인 덴마크(1536년)와 스웨덴(1523년부터)에서의 개신교 교회 설립에 있어, 특히 덴마크는 포괄적으로 독일의 영주 개혁 모델을 따라갔다. 덴마크 왕은 교회 질서를 정립하고 교구 감독을 임명하며, 코펜하겐 대학교가 새로운 역할의 수행을 위해 변화시키고 설교와 가르침이 비텐베르크 신학의 기준에 적합한지를 보장하는 종교개혁 전문가들을 선출하였다. 스웨덴에서는 교회의 로마로부터의 분리는 새로이 선출된 국왕 구스타프 바자(Gustav Wasa)의 정치적인 종속 탈피 과정의 한 부분이었다. 덴마크로부터 분리되어가고 있는 국가 안에서 구스타프 바자는 계속해서 교회의 재산을 장악하였다. 이와 반대로 개신교 교회 제도가 내적으로 확립되는 데에는 약 75년의 시간이 소요되었다. 기존 로마교회의 구조가 단번에 스웨덴 국가 교회로 전환된 탓에 수석 대주교나 주교와 같은 체제의 근본 구조는 유지되었다. 국왕이 주도한 영국에서의 개혁 또한 이와 유사했다. 국왕이 주도한 영국에서의 개혁 또한 이와 유사했다.

〈농민전쟁〉

반면 영국의 종교개혁은 그들만의 역동성을 따라 이루어졌다. 국회가 법령을 통해 1534년 헨리 8세(Henry VIII.)를 영국 교회의 최고 지도자로 선언한 것은, 루터의 이단 가르침에 대한 애정에 의해서 발생한 것이 아니다. 영국에서는 오늘날까지도 종교개혁을 추구하고 있는 추종자들은 작은 지식인 집단에 한정된다. 영국 교회의 로마로부터의 분리를 위한 군주의 결단 행위는 한 딜레마에 의한 결과였다. 교황은 헨리와 그의 처, 곧 그의 형의 미망인이고 카를 5세의 이모 중 하나인 카타리나 폰 아라곤(Katharina von Aragon) 사이의 이혼을 거부했다. 헨리는 자신에게 남자 왕위 계승자가 없는 것을 성경 원칙에 위법한 형수와의 결혼에 대한 하나님의 벌로 여겼다.

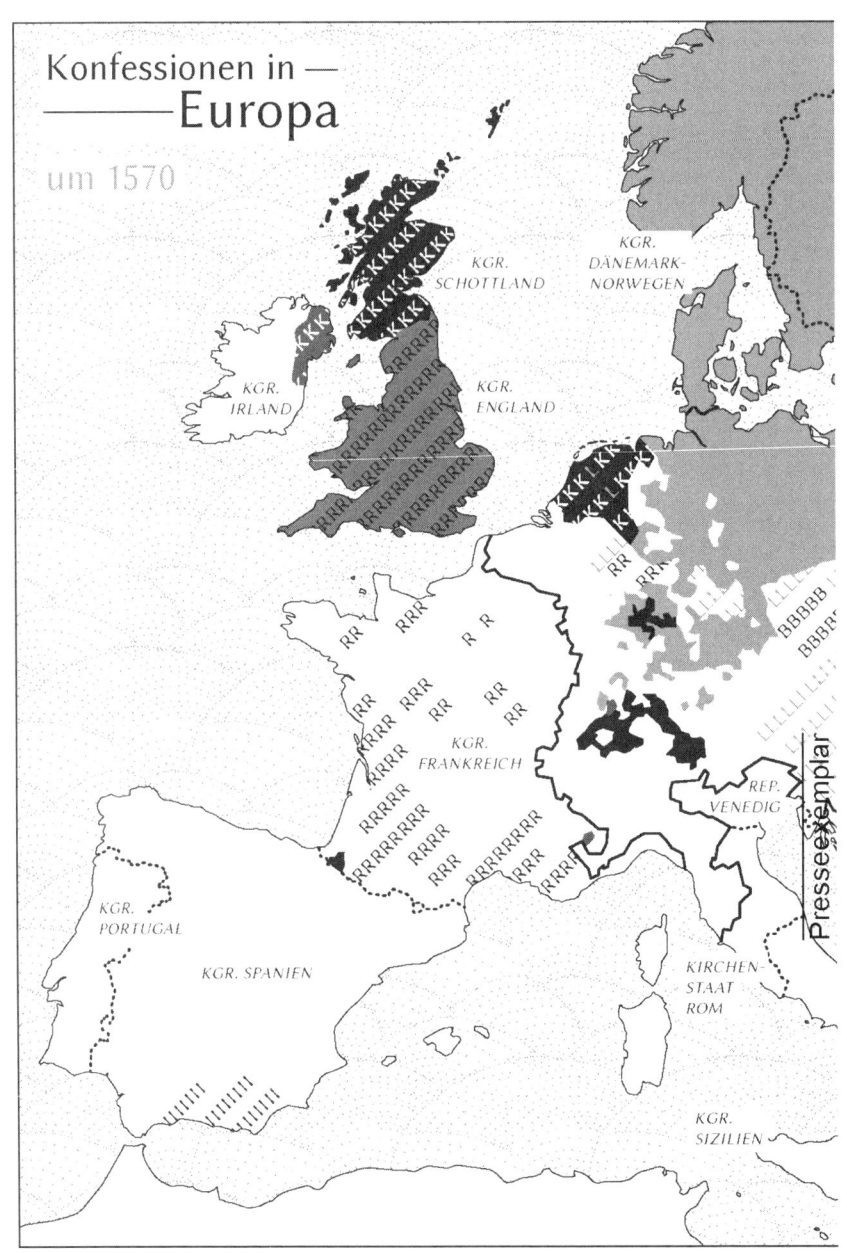

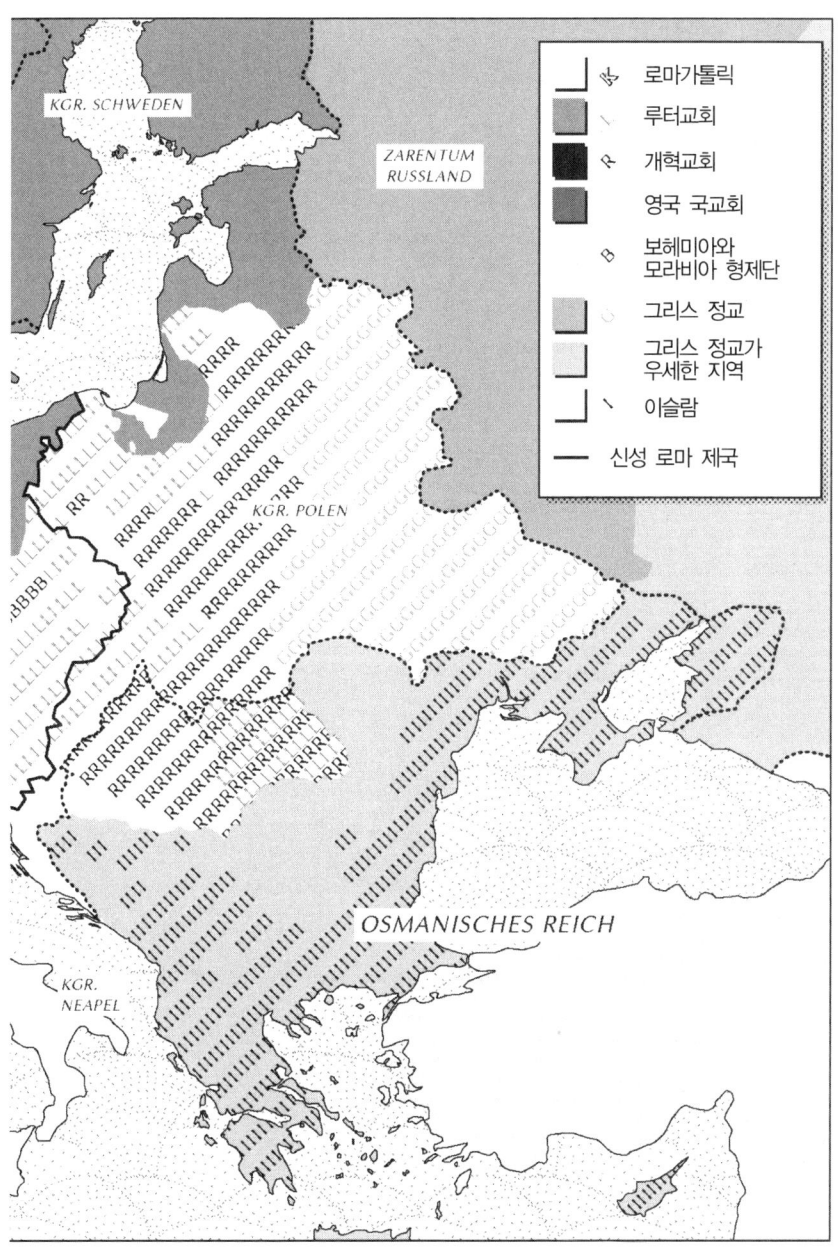

〈유럽의 종파들〉

5. 제국 내부와 유럽 전역에서의 종교개혁

통치 전술적으로 계산해서 진행된 왕실과 귀족을 위한 수도원 재산의 몰수 이외에는 1534년의 결정은 우선 다른 결과를 가져오지는 않았다. 미사 희생, 성찬에서의 화체설(성체 변화) 또는 고해성사의 의무 같은 종교개혁적인 비판 대상이 되는 본질적인 것들은 헨리 8세의 제위 기간에는 유지되었다. 어린 나이인 10살에 왕위를 물려받은(1547년) 그의 아들, 곧 프로테스탄트 식으로 양육된 에드워드 6세(Edward VI.)에 이르러서야 영국 국가 교회에서는 신학적으로 숙고되고 실용적으로 지속된 종교개혁적인 변화가 제정되었다. 에드워드의 이복누이, 곧 가톨릭의 지도 세력으로 떠오른 스페인을 다시 따르고 카를 5세의 아들 필립 2세(Philipp II.)와 결혼한 마리아 튜더(Maria Tudor, 1553-1558) 치하에서, 에드워드의 개혁은 완전히 그리고 강제적으로 무효가 되고 말았다. 영국이 세계 패권 국가로 등장한 엘리자베스 1세(Elizabeth I., 1558-1603)의 긴 통치기간에 이르러서야 개신교는 성공회식의 형태로 승리를 거두었다. 곧 광범위한 가톨릭 의식들과 특히 슈트라스부르크의 마르틴 부처(Martin Bucer)와 제네바의 요한네스 칼빈(Johannes Calvin) 같은 종교개혁자들을 따르는 개혁적인 가르침을 갖춘 국가 교회가 된 것이다.

6

루터교회, 개혁교회, 재세례파, 신령주의자들
– 종교개혁의 신학적 다양성

신학적인 가르침의 관점에서 본다면 '이' 종교개혁은 이미 1520년대 초부터 더 이상 '단일'하지 않았다. 오늘날 직간접적으로 종교개혁에서 파생한 다양한 종교적이고 제도적인 현상들을 표현하기 위해 사용되는 프로테스탄티즘이라는 개념은 현대에 와서야 정립된 것이다. 16세기와 17세기의 근본적인 교의 분쟁들은 종교개혁의 방향이 통일된 개념으로 정립되는 것을 허락하지 않았다.

종교개혁 진영에서 최초의 신학적 차이점들은 비텐베르크 동료인 카를슈타트와 루터 사이에서 발생했다. 루터가 바르트부르크에 머무는 동안 이 차이점들은 더욱 극단을 향해 치달았다. 카를슈타트가 공동체가 책임지는 '자치 단체'적인 종교개혁을 지향한 반면 루터는 정부를 교회 변화의 유일한 합법적인 행위자로 여겼다. 루터의 부재중에, 비텐베르크 종교개혁 발전의 정점에 자리하게 된 카를슈타트는, 성경 말씀과 일치되지 않는 것으로 여기어지는 폐해들, – 봉헌 미사, 성상, 성찬식 때 떡 하나만을 받게 되는 것 등 - 을 즉시 폐지하기로 결정했다. 이와 반대로 루터는 이러한 태도를 '약한 자'들에 대한 억압으로 보았고 신중하고 조심스러운 접근을 선전했다. 곧 다른 차이점들도 드러나기 시작했다. 카를슈타트는 성찬식 때 그리스도의 본질적인 몸이 임재하고 그것을 먹을 수 있다는 이론을 제기하였고 이 의식을 공동체의 기억과 고백의 행사로 해석하였다. 반대로 루터는 이 성찬 제정 말씀의 원문 '이것이 내 몸이다'를 그대로 고수하며 카를슈타트와 그를 따르기 시작한 자들이 외적 말씀을 무가치하게 만든다고 비난했다. 세례와 관련해서 또한 카를슈타트는 신약성서에 근거해서 유아세례를 문제 삼은 최초의 사람이었다. 카를슈타트와 신학적으로 가까웠던 토마스 뮌처는 카를슈타트의 몇몇 아이디어들을 극단적으로 발전시켰다. 뮌처는 자신의 선생인 카를슈타트와는 달리 하나님이 원하시는 질서 관념을 물리적인 권력으로 관철시키는 것이 정당하다는 견해를 주장했다.

1524년 가을, 루터와의 최종적인 단절로 인해 쿠어 작센에서 추방당한 카를슈타트는 성찬식 때 그리스도의 육체적 임재 관념에 대한 논쟁을 여러 4절판 서적에서 공개적으로 설파하기 시작했다. 이러한 선전은 곧바로 엄청난 소요를 불러 일으켰다. 그리스도가 성찬 제정사를 선포할 때 자기 자신을 가리키고 자신의 십자가형을 기억하도록 지시했다는 카를슈타트의 해석학적 아이디어를 따르는 이들은 거의 없었음에도 불구하고 남부 독일과 독일어를 사용하는 스위스의 많은 신학자들은 상징적인 성찬설을 옹호하기 시작했다. 떡과 포도주는 그리스도가 단지 자신의 십자가 사건에 대한 사람들의 기억을 용이하도록 하시고자 수단으로 사용하신 상징일 뿐이라는 것이었다.

종교개혁의 진영 내부에서 발생한 성찬식 논쟁은 근본적인 신학적 분쟁의 핵을 이루었고, 이는 종교개혁 움직임이 두 개의 종파로 분열되는 결과로 이어졌다. 그 한쪽은 성찬 견해와 이와 밀접한 관계에 놓인 그리스도론과 그 외 다른 독특한 가르침의 입장을 가진 루터를 따르는 루터교이다. 다른 하나는 취리히의 츠빙글리와 그의 후계자인 하인리히 불링거(Heinrich Bullinger), 프랑스인 요한네스 칼빈, 마르틴 부처 등을 중심으로 한 개혁교회이다. 개혁교회는 다음과 같은 것에 일치를 보았다: 성찬식 때 그리스도가 자신의 참된 육체를 양식으로 내어준다는 표상을 수용할 수 없다; 하나님은 영적인 실재로서 물질적인 존재 세계와 거리를 둔다는 것은 받아들일 수 없다; 또한 루터의 권위가 과대평가 되어서는 안 된다. 게다가 이들은 루터교 보다 더 눈에 보이는 '구원', 즉 교회의 윤리적인 완전함을 추구했다. 교회의 조직 구조로 본다면 개혁교회는 스위스, 네덜란드와 프랑스 지하교회가 가진 주도적인 모습인 도시 공동체의 자치적 참여라는 특징을 가지고 있다. 노회적인 교회 헌법은 교회 직분자들과 평신도들에게 동등한 영향력의 행사하도록 했다.

1520년대 후반부터 개혁교회와 루터교회 사이의 논쟁들은 교회가 분리될 정도로 격렬해졌다. 개신교인들이 황제와 의회 앞에 그들의 가르침을 내어놓고 또 책임져야 했던 1530년 아욱스부르크 종교회의에서 루터교회와 개혁교회는 각각 다른 신앙고백문서를 제출했다. 1555년부터 제국에서 합법적이라고 인정받은 개신교 가르침을 규정짓는 가장 중요한 개신교 고백서인 "아욱스부르크 신앙고백"(*Confessio Augustana*)은 필립 멜란히톤(Philipp Melanchthon)이 작성하였으며 이것은 '루터교 신앙고백'이라고 부른다. 제국에서 개혁교회가 명확한 합법적인 인정을 받은 것은 30년 전쟁(1618-1648) 이후에 이루어졌다. 그때까지 독일에서 이 두 종파는 지속적인 논쟁의 소용돌이에 휩말려있었다. 다른 유럽 국가에서는 이런 논쟁이 덜하였는데, 그 이유는 이 두 개신교 종파 중 하나가 각 국가에서 지배적이었기 때문이다. 네덜란드와 스위스, 스코틀랜드와 프랑스에서는 개혁교회가, 발틱 국가와 스칸디나비아에서는 루터교가 지배적이었다. 폴란드, 보헤미아와 헝가리에서는 두 종파가 모두 그 세력이 미약했으며, 이는 서로의 평화적인 형태를 장려했다.

루터교회와 개혁교회에게 공통적이었던 것은, 교회를 구성하는데에 힘을 기울였다는 것이다. 그 기관으로서의 기본 구조는 로마 가톨릭교회의 구조를 따랐다. 루터교회나 개혁교회의 기독교가 지배적인 지역에서는 잠재적으로 정치 사회의 모든 구성원이 세례를 통한 교구민이었다. 토마스 뮌처와 더 긴밀했던 츠비카우 평신도 무리와 츠빙글리 추종자들의 주변에서는 유아 세례에 대한 첫 비판자들이 등장했다. 루터와 그의 취리히 동료는 유아들의 세례를 변호했다. 이 전통적인 방식을 반대하는 논증은 다양한 방식으로 이루어졌다. 한편으로는 믿음과 세례를 밀접한 관계로 보는 성경의 전통이 세례자의 성숙하고 스스로 결정을 내릴 수 있는 나이를 전제하기 때문이고 다른 한편으로는 세속 권력자의 명령으로 실행되는 유아 세례는 교회의 자유와 충돌된다는 것이었다.

확고한 지위를 가진 종교개혁자들의 저항으로 인해 유아 세례 비판자들은 기독교인들의 보편성을 이루고자 하는 자신들의 주장을 축소시킬 수밖에 없었다. 실제로 재세례파는 스스로의 결정에 의해서 일원이 되는 소규모 고백 공동체로 발전했다. 물론 재세례파에 합류한 박식한 신학자인 발타자르 후프마이어(Balthasar Hubmaier) 아래 처음에는 발트후트, 후에는 보헤미아 니콜스부르크에서 진행된 도시적인 또는 기사 계급의 재세례파 종교개혁 과정과 1534/35년 한 도시 전체가 그리스도의 재림의 기대 속에서 이상적이고 성스러운 체제를 건설한 소위 뮌스터의 재세례파 왕국은, 재세례파의 그 자발적 공동체라는 독특한 모델에서 제외된다.

스위스 형제단, 후터파, 메노나이트들에게는 지속적으로 생명력을 간직한 특징들이 있다. 그중에는 세례 공동체의 구성원이 된다는 것은 일반적으로 세례를 받겠다고 내린 개인적인 결정에 바탕을 두고 있다는 사실이 있다. 그렇지만 재세례파 역사의 어떤 단계에서는 외적 세례 의식이 등한시되기도 하였다. 성인 세례는 국법에 의해 사형의 형이 언도되었다. 특히 농민전쟁 이후, 뮌처를 계승하고 그의 학생 한스 후트(Hans Hut)의 영향을 받은 극단적-종말론적 재세례파는 큰 매력을 발하였다. 그들은 오스만 제국이 하나님의 구원 계획 중 일부분이라고 생각했다. 그러나 마지막 날에는 터키 족이 그리스도에게로 개종할 것이라고 믿었다. 세속 권력자들은 재세례파의 이러한 구상을 매우 위험스러운 소요로 받아들였다.

루터교회와 개혁교회에 반대하는 과격파의-종교개혁의 그 궤를 벗어나서 주변에 머문 자들 전체에 대한 호칭으로서 사실상 불명확한 호칭이다-공통적 특징은 그들이 가르침과 삶을 아주 긴밀하게 결합시키고자 한다는 것이었다. 그들은 종교개혁 교회들을 향하여 의의 선포에 따른 윤리적인 결과가 나타나지 않으며 종교개혁이 승리한 지역에서 더 나은 인간이 등장하지 않는다고 비난했다. 또 하나의 비판점은 개신교 성직자들의 새로운 역할에 대한 것이다. 그들은 종교개혁자들을 이제 와서 겨우 극복된 평신도와 성직자 계급 사이의 분열을 다시 일으키는 학자들이라고 비판했다. 일반적으로 기록되어

있거나, 설교되거나 읽혀지는 외적 말씀의 유효성에 근거한 종교개혁의 말씀의 원칙과 달리, 과격파는 성령을 통해서 하나님께 직접적으로 가는 길을 주장했다. '신령주의'라고도 불리우는 이 관점 안에는 평등한 성격이 내재 되어 있는데, 이는 '교육을 받지 않은', 전혀 글을 읽을 능력이 없는 평신도들 또한 성령의 힘을 통해 진정한 신학적 발견에 참여할 수 있었기 때문이다. 토마스 뮌처, 한스 후트 또는 한스 뎅크(Hans Denck)와 같은 독자적인 과격주의자들에게서는 이방인들이 구원 발견, 즉 '모든 창조물을 위한 복음'으로의 통로라고 인정하는 종교철학적 입장이 나타났다.

제국 내에 있는 극단주의자들 사이에서는 세 개의 위격으로 나누어진 삼위일체론이라는 신론과 한 인간 안에 두 본성으로 존재하는 '신-인간인 그리스도'라는 양성론이라는 고대교회의 교의들을 문제 삼기 시작하는 자들의 목소리들이 나타나기 시작했다. 이는 325년 니케아 공의회, 381년 콘스탄티노플 공의회, 451년 칼케돈 공의회의 교리 결정들이었다. 교의에 대한 반박의 동기는 성경에 입각한 방식인데, 곧 복음서의 단순한 예수는 그들과는 일치할 수 없다는 것이다. 또 다른 반박은 오히려 윤리적인 이유에서 나왔다. 신이자 인간인 그리스도는 본받음의 원형이자 모범이 될 수 없다는 것이다. 인문주의 도시 바젤에서 한시적으로 머물던 몇몇 괴짜들, 곧 스페인 태생의 미셀 세르베(Michel Servet), 이탈리아인 파우스토(Fausto)와 레리오 소찌니(Lelio Sozzini)는 고대교회의 교의에 대한 근본적인 비판을 하였다. 종교개혁 교파 교회의 대표자들은 이러한 비판을, 현행 제국법이 말하는 그대로, 사형에 해당하는 범죄로 간주하였다. 고대교회 교의의 전통과 관련해서도 루터교회와 개혁교회는 라틴 유럽 가톨릭교회의 상속자들이었다.

7

로마가톨릭의 결속과 갱신

교황교회는 종교개혁의 도전으로 인해 빠른 변화의 과정에 접어들게 되었다. 중세 라틴 유럽 기독교의 특징이었던 내부적인 다양성에 반해 이제 시작되어 진행되는 이 변화 과정은 일종의 단일화와 협소화를 의미했다. 가톨릭 또한 가르침, 예배 의식과 조직 형태의 의미에서 볼 때 비교적 동질적인 모습의 종파 교회가 되었다. 로마 가톨릭교회가 중세 라틴교회와 함께 가지는 연속성 외에도 지금부터는 트리엔트 공의회(1545/46-63)에서 나온 교의적이고 규율상의 개혁이 로마교회의 특징이 되었다. 현대 로마 가톨릭교회는 근본적으로 트리엔트 공의회를 따라 이루어진 교회이다.

교회 안에 있는 폐단들을 제거하는 길로서의 공의회는 루터를 둘러싼 논쟁의 시작부터 존재하였다. '개신교들' 또한 이러한 공의회를 요구했다. 물론 이들은 '기독교적인 교회 모임', 즉 말씀의 권위에 따라 판단하고 해답이 열려 있는, 교황이 지배하지 않는 교회 모임을 구상하였다. 로마 교황청의 입장에서는 공의회주의의 재부상을 두려

위하였다. 황제는 자신이 영향을 끼칠 수 있고, 교의적인 부분에 앞서 개혁과 관련된 문제들이 우선적으로 다루어지는 공의회를 목표로 삼았다. 이러한 다양한 기대들이 공의회의 모든 시도들을 질식시켰다. 최종적으로 세 개의 협의시기로(1545-47, 1551-52, 1562-63) 이루어진 트리엔트 공의회의 모습은 로마의 구상에 따른 것이었다. 이 공의회는 교황의 권위 아래 놓여 있었고, 교황의 의사일정을 따랐으며 개신교 이단자들의 재통합이 아니라 가톨릭교회를 공고화 하는 것을 지향하였다.

공의회의 제 1회기는 철저하게 앞으로 나아갈 방향을 상징적으로 보여주는데, 그 핵심은 반종교개혁적인 교리들의 결정이었다. 이후 로마 가톨릭교회의 특징을 확정하는 결정은 말씀과 전통의 관계였다. '오직 말씀'이라는 원칙에 반하여서 기록된 전통과 성직 계급이 인정한 서술되지 않은 전통이 원칙적으로 동등하게 취급된다는 것이다. 또한 공의회는 성경적 정경의 정확한 범위를 정의했고 라틴어 버전인 불가타(*Vulgata*)의 규범적인 우위를 확정하였다. 의에 관한 교령에서 공의회는 은혜와 더불어 인간의 행위에게도 포기할 수 없는 중요성을 인정했다. 거룩한 체제를 향한 종교개혁의 공격은 믿음을 그 중심에 두었다. 하지만 이 공격은 구원이란 매개하는 성례와 결합된다는 것을 천명함으로서 반박되었다. 인간은 하나님과 분명한 적대적인 관계에 있다고 보는 극단적인 루터파의 죄론과 달리 트리엔트 공의회는 인간의 죄를 범할 가능성을 약화시켰다. 바로 성례가 죄범함을 억제하는 데에 효과 있는 수단이라는 이해였다. 성찬식에서는 빵과 포도주가 변화한다는 가르침(화체설)과 평신도에게는 잔을 주지 않는 것과 미사의 희생 관념이 강조되었다. 종교개혁이 폐지한 성례

전들은 이러한 방식으로 다시 복구되었다. 성직 체계라는 구원 장치가 감당하는 역할은 무엇보다도 성례를 집전하는 것이었다.

〈파스칼 까띠 드 예시(Pasquale Cati da Jesi): 트리엔트 공의회. 회화 (트라스테베레 산타 마리아, 1588년 로마)〉

경건성과 조직에 관한 문제에서는 진정한 개혁 조짐이 발견되었다. 성화, 성물과 성인숭배에는 절제가 선언되었다. 공의회는 면죄부를 인정하기는 했지만, 재정 남용이 있을 수 없도록 하였다. 성직록의 축적은 이제부터 불법으로 간주되었다. 주교들은 그들의 교구에서 거주해야 했다. 사제 양성 학교들은 성직자들의 교육 수준을 향상시켜야 했다. 교황의 교서를 통해 공의회 결정들은 효력을 얻었다. 이 결정들을 실행에 옮기는 것은 결정적으로 가톨릭 국가의 세속 권력자들과 주교들의 각오에 달려 있었다. 몇몇 지역에서는 이 로마 가톨릭

교회의 '트리엔트화'가 18세기까지 미루어졌다. 전 세계적으로 기능하는 로마 가톨릭교회의 유럽 바깥 지역들, 곧 이 말은 '중세적인 구조와 중세적 성향이 극복될 필요가 없는 지역들'을 의미하는데, 이런 지역에서는 이런 실행 적 변화가 일반적으로는 비교가 안될 만큼 신속히 진행되었다.

공의회 이후, 교회의 모든 고위 성직자들에게 구속력이 있는 "트리엔트 신앙고백"(*Professio fidei Tridentina*)이라는 신앙고백의 서약이 도입되었다. 이 서약 공의회 결정의 이행과 로마 교황에 대한 순종을 규정했다. 완전히 '현대적인' 훈련 수단인 이 서약은 개신교 목사, 대학교수 내지는 공무원들의 고백 의무와 일종의 유사성을 가지고 있다. 곧 서명을 통해 통용되고 있는 가르침의 기준을 따른다는 것, 아니면 영국에서라면 여왕에게 충성한다는 것을 표명해야 한다는 것 같은 것을 말한다. 구속력이 있는 교육-, 기도-와 미사 서적, 금서목록과 교회법과 불가타(*Vulgata*)의 재발행을 통해 교황교회는 계속해서 표준적인 규범서들을 비준하였다. 트리엔트 공의회식으로 현대화된 가톨릭교회는 종교개혁이 반발한 교회에 대한 단일화 추진을 성취하였다. 이러한 추진력은 한편으로는 풍부한 라틴 유럽의 전통에서, 다른 한편으로는 종교개혁에 대한 방어에서 제공되었다. 이것은 가톨릭의 개혁이자 동시에 반종교개혁이었던 것이다.

라틴 교회사의 아주 오래전 과거, 고대 후기에서부터 그랬던 것처럼, 16세기와 17세기의 로마 가톨릭교회의 개혁에서도 수도회는 독특한 의미를 가진다. 수도회 신학자들은 이미 트리엔트 공의회 당시 조언을 하며 권위 있는 역할을 하였다. 수도회들의 재건으로 말미암아 로마 가톨릭교회에는 충성스러운 조력자들이 생겨났는데, 이들은

'지상에 있는 그리스도의 대리인'에 대한 충성에 의해 지금까지의 모든 것을 어둠 속에 묻어버렸다. 가장 의미 있고 영향력 있는 수도회의 개혁은 예수회였다. 이 수도회의 창시자인 이그나티우스 폰 로욜라(Ignatius Von Loyola)는 스페인 귀족이었는데, 그는 집요하고 고통스러운 순화와 개종의 과정을 통해 세상에서 그리스도에 대한 헌신에 도달한 사람이었다. 폐쇄성과 하나의 수도회를 폐지함과 세상 안에서 생활함이 예수회 형제들의 본질적인 특징이 되었다. 이그나티우스가 신학을 전공한 파리에서 6명의 동지가 그에게 합류했다. 그들은 예루살렘으로 떠나, 그곳에서 가난 속에서 살며 그리스도를 위한 사람들을 얻고자 노력하였다. 이들은 1537년 베네치아에서 성직 수여를 받았고, 3년 후 '예수회'로 교황의 승인을 받았다.

예수회는 교황을 향한 독특한 충성 관계를 발전시켰다. 믿음의 전파와 영혼의 구원을 위해 그리스도의 대리자가 지시하는 것은 그것이 무엇이든 간에 그들에게는 가장 성스러운 임무였다. 기동성 덕분에 그들은 세계적으로 뿌리내릴 수 있었다. 교황 가까이에서 활동하는, 곧 로마에 거주하는 수도회 총장이 존재하는 중앙집권적인 지휘체계는 세상 각지에서 정보가 지휘부로 수집되어서 행동 전략으로 농축되도록 하였다. 이그나티우스가 초창기부터 가장 신뢰한 자들 중 한명인 프란츠 샤비에르(Franz Xavier) 아래 예수회의 전도는 아시아로 향했고 라틴 아메리카의 전도에도 주도적으로 참여했다. 유럽에서 예수회는 수준 높은 교육기관들의 설립을 통해 강력한 성과를 보여주었다. 예수회가 설립한 중고등학교는 개신교 교육시설의 경쟁자로 부상했다. 또한 대학교에서도 민첩하고, 노련하며 동시에 소탈한 그 현장에서 활동하는 자들은 빠르게 탁월한 영향력을 획득했다. 고등교육

기관을 통한 길은 예수회에게 정치적 엘리트들에게 접근하는데 있어 특이한 가능성을 제공하였다. 예수회는 곧 많은 유럽 궁정에서 고해신부나 정치적 조언자로 자리 잡았다. 그들은 또한 개신교 국가에서도 은밀하게 종교 활동 요원으로 활동하였다. 개신교적 분위기에서 만들어진 예수회에 대한 '흑색 전설'은 - 물론 개신교에서만 생성된 것은 아니지만 - 초보적인 패배 경험들과 다를 것이 없다. 무엇보다도 예수회는 교황청이 무너질 것이라는 루터의 예언에 영향을 받은 루터교의 확신을 흔들어놓았다. 예수회에 대한 개신교의 집중은 남성 수도회들 가운데에서 또 다른 수도회들이 생겨나고 있다는 것을 거의 알아채지 못하도록 하는 데에 결정적으로 기여했다. 빈민 보호에 몸을 바친 카푸친회, 공동체 사목직을 수행하는 정규 성직자들의 신분으로써 트리엔트식의 개혁 계획을 지나치게 실행에 옮기고자 하는 테아틴회, 설교, 목회와 참회를 장려하는 바나바회, 이방인 전도를 촉진한 나사로회 등이 이러한 수도회였다.

〈루터의 승리, 1564년 경 비텐베르크 팸플릿〉

여성 수도회에서 또한 로마교회의 개혁 세력이 증가했다. 이들은 후기 중세의 다양한 신비주의 경건의 영적인 뿌리로부터 영향을 받았다. 스페인 수녀인 테레사 폰 아빌라(Teresa von Avila)는 신비로운 경험을 토대로 갈멜 수녀회의 개혁을 추진하였으며 이는 새로운 수도회의 창설을 촉진하는 것은 물론, 남성 수도회들에게 또한 영향을 끼쳤다. 아빌라가 전파한 규칙적인 채찍질을 동반한 엄격한 고립은, 새로워지고 있는 로마 가톨릭교회의 금욕적인 이상을 다시금 활성화시켰다. 그녀의 마음의 기도는 하나님과의 직접적인 통로를 허락하였고 이는 하나님과의 결합으로까지 이어질 수 있었다. 그녀 신앙의 정통성 검증이 아무런 교리적인 문제점을 제시하지 못한 다음부터 로마교회 내에서 그녀의 영향력은 끊임없이 증가하였다.

오히려 하나의 경건, 곧 냉철하며 교육기관의 역할도 감당하고 또한 예수회를 지향하는 경건이 새로운 수도회인 우슬린 수도회와 '영국 여성' 수도회로부터 발생하였다. 이들은 어린 여자아이들을 교육 과정에 받아들였다. 또한 교회 성직 계급 측이 눈에 띄게 여성 수도회에게 요구하는 엄격한 은둔 생활을 무력화시켰다. 교육에 대한 관심은 결국 세상과의 연관성을 요구했다. 전체적으로 본다면 트리엔트적 근대 가톨릭 교회에서는 프로테스탄티즘이 제거한 것들, 곧 한편으로는 성직자와 수도자들, 다른 한편으로는 평신도 사이의 계층적 등급과 신분상의 구분이 되살아났으며, 어떠한 의미로는 강화되었다. 물론 평신도들은, 그들을 교육하며 세상 안에서 활동하는 수도회 사람들로부터 도움이 되는 지원을 약속받을 수 있었다. 하나님을 향한 신비한 길은 그 본산이 수도원적 은둔생활 안에 있었다. 신부가 베푸는 성례의 은총은 계속해서 로마 가톨릭교회의 중심을 이루었다.

8
유럽의 종교적 갈등과 다양한 해결 방안

기독교 역사에서 종교를 빙자한 폭력이 종교개혁기에 처음으로 등장한 것은 아니다. 적대자들의 어긋난 진리 주장들을 가지고 자기들의 군사적 개입을 정당화하는 것은 고대와 중세시대에도 존재했다. 그러나 전체적으로 16세기부터 새로웠던 것은 라틴 유럽 기독교 안에서 서로 자웅을 겨루는 해석을 하는 인물들이 상대를 끝까지 제압하지 못했다는 사실이다. 그렇기 때문에 이들은 싫든 좋든, 각기 다른 형태의 공존을 만들어냈다. 그렇지만 이 타협은 원해서 얻은 것이 아니라 뒤집을 수 없는 역학관계의 결과라는 사실은 일반적으로 타당하다.

제국 내적 상황은 종교적 권력을 평등하게 분배하는 것으로 대변되었다. 1530년 아욱스부르크 제국의회에서는 가톨릭교회와, 내부적으로 분열된 개신교 진영의 화해 불가능한 차이들이 확연하게 드러났다. 황제는 종교-정치적으로 보름스 칙령으로의 회귀를 꾀했다. 그러나 터키 족의 공격을 방어하기 위해서는 개신교의 지원이 필요했고, 이는 앞으로도 계속-대부분 몇 해에 지나지 않는 평화 협정들이었지만 - 한시적인 타협 가능성들을 찾도록 만들었다. 카를 5세가 오랫동안 추진한 공의회 정치가 계속해서 실패하자, 그는 1540년부터 보름스, 레겐스부르크와 하게나우에서 종교회담을 통해 제국을 위한 종교-정치적인 해결을 위한 방법을 찾았으나 별 소득은 없었다. 아욱스부르크 회의 직후 개신교는 스스로를 정치-군사적으로 조직하기 시작했다. 슈말칼덴 동맹은 동맹 가담자들에게 그들이 종교적인 이유로 공격을 당할 경우 군사적인 협력을 약속했다. 일시적으로는 제국 밖 국가들과도(덴마크, 프랑스, 잉글랜드) 동참을 위한 협상이 추진되었으며, 헤센의 백작과 작센 선제후가 이 동맹의 중심인물이었다.

제국의 전체적인 정치적 상황에 결정적인 변화가 일어나기 시작한 것은 카를 5세가 1540년대 중반, 자신의 최대 정적인 프랑스의 프란츠 1세(Franz I.)와 평화협정을 체결하고, 오스만족과는 휴전을 하며 교황과는 전쟁 동맹을 맺은 이후였다. 이를 통해 카를 5세는 종교개혁이 시작된 이후 처음으로 개신교와 전쟁을 치룰 수 있을 만큼 두 손이 자유로워졌다. 슈말칼덴 전쟁(1547년 4월)에서 카를 5세는 이 슈말칼덴 동맹이라는 이름으로 결성된 개신교도들을 제압하였고 동맹의 중심인물 둘을 여러 해 동안 포로로 잡아두었다. 카를 5세는 그의 편에 서서 싸웠던 알버트 작센의 개신교 공작 모리츠(Moritz von Sachsen)에게는 선제후 작위와 선제후령의 위성도시인 비텐베르크를 양도하였다. 이곳은 그때까지 1546년 2월 18일 사망한 루터 편의 영주들인 에르네스트 가문이 다스렸던 지역이었다. 이어서 열린 아욱스부르크 회의에서 황제 카를은 하나의 종교-정치적인 규정을 관철시켰는데, 이것은 개신교인들에게 그들의 교회에서 가르침, 예식과 삶의 형태에서 포괄적으로 재가톨릭화를 강요하는 규정이었다. 떡과 포도주 형태의 성찬식과 성직자 혼인 이외에는 어떠한 개신교적인 요소도 남아있지 않게 되었다. 이 규정은 공의회에서 최종적인 개혁에 이를 때까지 잠정적으로만 효력을 가지는 규정이었다. 이러한 이유로 '아욱스부르크 잠정안'(Augsburger Interim, 라틴어: *interim* '사이')이라는 명칭이 통용된 것이다.

그런데 특히 독일 중북지방의 몇몇 지역에서 황제에 의해 강요된 신앙 형태에 대한 저항이 형성되었다. 알버트 가문의 작센에서는 황제의 훈령을 완화시킨 규정이 발효하게 되었는데, 이 규정에는 논쟁적 성격을 지닌 명칭인 '라이프치히 잠정안'이라는 이름이 붙여졌다. 이 변경된 규정을 작성한 사람은 루터의 죽음 이후 개신교의 지도적인 신학자이자 비텐베르크 대학에 충성을 하며 그로 인해 알버트 가문을 섬기게 된 필립 멜란히톤이었다. 이로 인해서 몇몇 학생들은 멜란히톤에게 등을 돌렸다. 이 학생들은 황제에 대한 반대를 노골적으로 표명한 도시이자 제국 밖으로 몰아낸 도시인 막데부르크에서 받아들여졌다. 곧바로 마티아스 플라키우스(Matthias Flacius), 니콜라우스 갈루스(Nikolaus Gallus)와 루터의 옛 동료이자 옛 엘베 중심지의 교구 감독이었던 니콜라우스 폰 암스도르프(Nikolaus von Amsdorf)는 거리낌 없이 그리고 쉬지 않고 멜란히톤과 '변절자' 작센의 모리츠(Moritz von Sachsen)와 황제 그리고 모든 악한 일의 원흉, 곧 적그리스인 교황을 반대하는 집필활동을 시작하였다. 3년 동안에 대략 500개의 팸플릿이 등장했다. 잠정안을 둘러싼 문서적 논쟁은 루터교회를 약화시켰다. 이 논쟁에서 다른 교리 논쟁들이 파생하였고 작은 일련의 신학적 충돌들은 전체적으로 볼 때 대략 30년 후에 신학적 일치 문서인 1577년의 "일치 신조"(*Formula Concordiae*)를 만들어내면서 끝이 났다.

 큰 선지자였던 박사 루터의 죽음 이후에는 그의 그런 권위는 빈자리로 남았다. 라이프치히 잠정안을 둘러싼 논쟁은 루터교의 내부적 방향을 다루는 최초의 논쟁이었고, 이는 루터의 권위가 필요하다는 사실을 정확히 보여 주었다. 막데부르크 사람들은 자신들을 옛 비텐베르크 유산의 참된 대리자들로 여겼으며, 멜란히톤과 그의 동료들을 이 유산에 대한 변절자로 여겼다. 핵심은 포기할 수 없는 개신교 기독교의 정체성이 가진 특징들이 문제였다. 즉 의롭게 되는 근거인 믿음과 예배 예식과 기독교적인 삶의 형태의 기초가 되는 성경, 복의 유일한 보증이신 그리스도, 임박했다고 믿는 종말의 날에 있을 그 저주들 가운데에서 유일하게 방향 잡이의 도구 역할을 하는 루터의 참된 가르침이 그것이었다.

 이목을 끌만하며, 처음에는 오랫동안 숨겨 온 교묘한 전략을 통해 막데부르크 사람들로부터 '마이센의 유다'(Judas von Meissen)로 비방을 받던 작센의 선제후 모리츠는 제국에서 개신교의 구원자가 되었다. 황제의 지시와 후원 하에 그는 막데부르크에 대한 국외 추방을 실행하고 이 도시를 포위해서 굴복시키고자 하는 군사적 임무를 떠맡았다. 그러나 모리츠는 성을 포위하는 동안 모반을 꾀하게 된다. 그는 프랑스 왕과 협의하고 황제를 대적하는 동맹을 맺었다. 포위된 막데부르크 시의회와의 비밀 협상에서 그들은 적당한 항복 조건에 합의하였다. 단호한 루터교인들의 믿음을 보장하고 막데부르크내 모리츠의 영향력을 확실하게 한다는 조건이었다. 1552년초 이 합의에 대해 무지했던 황제를 대적하는 이른바 '제후들의 전쟁'이 시작되었다. 황제는 가톨릭 국가에서도 저항 없이 남쪽으로 돌진해 오는 선제후 연합군을 피해 가마를 타고 브렌너를 너머 도망쳐야 했다. 이것은 다시는 회복할 수 없는 황제의 굴욕이었다.

황제의 형제이자 장래 왕위 후계자인 페르디난트(Ferdinand I.)는 카를 황제라면 절대로 하지 않았을 일을 벌이고 만다. 그는 제국에서의 종교적인 문제들에 대한 장기적인 해법을 가져올 목적으로 개신교인들과 협상을 하였다. 1552년 8월 체결된 파사우 조약은 3년 뒤 이른바 아욱스부르크 종교화의(1555년)에서 영속적으로 이루어질 것을 잠정적인 형태로 이룬 조약이었다. 즉 제국 헌법에 상응하는 평화 규정이었다. 이 평화 규정은 한편으로는 통일된 전체로서의 제국과, 다른 한편으로는 각 영지의 자결권과 연관이 있었다. 나아가서 독일 내 각 종파들의 세력 균등에도 걸 맞는 것이었다.

사안별로, 아욱스부르크 종교강화는 가톨릭 교회 외에도 "아욱스부르크 신앙고백"을 통해 정의 내려진 개신교 신앙도 제국에서 합법적으로 인정된다는 것을 규정했다. 어떤 영지에서 합법적인 통치 권력을 가진 자는 이 두 종파 중에서 하나를 선택 할 수 있는 권리를 가졌다(*ius reformandi*). 후에 "*Cuius regio, eius religio*"(거주지 통치권자의 종교를 따른다)라는 공식으로 압축된 이 원칙은, 정치적 통치자들에게 종교 선택의 자유를 승인했으며, 이는 그 통치자들에게 속한 사람들에게도 구속력이 있었다. 재산의 매각도 허락하는 이주법, 곧 종교적인 이유에만 해당되는 이 법에 근거해서 이 평화 문서는 국민들에게 종교의 억압에서 벗어날 수 있는 가능성을 제공했다. 이는 독일법 역사상 최초의 개인의 자유에 대한 법으로 인정된다. 개신교에 속한 영지들은 교회법에 저촉 받지 않다. 종교개혁의 도입으로 인해 성직자 재산의 세속화가 많이 일어났는데, 처벌받지 않았다. 그러나

이 평화 문서는, 성직자인 선제후, 특히 주교가 자신의 종교를 바꿀 경우에는, 그의 영지의 가톨릭적인 성격은 유지되어야 한다는 것을 규정하였다. 이 이른바 교회의 유보(Reservatum Ecclesiasticum)는 제국 교회 전체가 순차적으로 붕괴되는 것을 성공적으로 저지하였다. 이는 결국 제국 내에서 가톨릭교회의 존속을 오랜 시간 보장하게 하였다.

라틴 유럽 기독교 전통에서 이 아욱스부르크 종교화의는 공공단체의 종교적 동질성의 원칙을 이어 나갔다. 오로지 1555년까지 양 종파의 동등성이 유지된 제국 도시들인 아욱스부르크, 비버라흐, 딩켈스빌과 라펜스부르크에는 종파 사이의 공존이 가능하였고, 양 파의 권리와 의무를 세세하게 구분하여 작은 것 하나까지 수호하고, 침해를 저지하며, 자산을 동결하는 규제가 실현되었다. 제국의 평화에 대한 보상은 충돌들이 벌어지는 자리가 옮겨졌다는 데에 있었다. 왜냐하면 신앙고백적으로 결속된 각 영지들 내부에서는 열정적으로 자신들의 가르침의 진리를 설파하고 다른 종파를 공격하는 작업을 했기 때문이다. 서로 다른 종파에 속한 신학자들 사이에서는 끊임없는 다툼이 일어났다. 종파들 간의 논쟁 신학은 독일의 종교평화의 지배적인 분위기를 만들어내었다.

다른 유럽 국가에서는 이러한 종교 분쟁이 다른 방식으로 해결되었다. 로만 국가들과 영국 그리고 스칸디나비아 왕국들에서는 각각 독특한 상황들이 전개되었다. 이탈리아, 포르투갈과 스페인에서는 개신교 이단 행위가 허용되지 않았고 그것을 사형에 처하였다. 이러한 국가에서 개신교적인 성향을 가진 사람들은 지하나 은밀한 곳에 거주하였다. 이들은 그 중에서도 지식인 사회에서 개별적으로 등장하였다. 영국에서는 개신교적인 국왕의 종교가 통용되었기에 가톨릭 교인들은 잔인하게 박해 받았으며 국가의 적으로 간주되었다. 그렇지만 로마 가톨릭주의 완전한 제거는 이루어지지 못하였으며, 특히 시골 귀족의 세력 범위에서 유지되었고, 은밀히 대륙으로부터 잠입한 주교들에 의해서 살아남았다. 덴마크에서는 "아욱스부르크 신앙고백"을 따르는 종파만 유효하였으며 다른 종파나 사이비 개신교는 겨우 은밀히 존재했다. 그러나 제국 내에서는 개신교 제국의회 의원들에게 사형 언도가 내려지지 않듯이, 덴마크에서도 가톨릭교인이나 개혁교회 교인들에 대해서 신앙고백으로 인한 사형 판결은 이루어지지 않았다. 스웨덴에서는 루터교가 공식적인 종파로 인정받았지만 1593년이 돼서야 "아욱스부르크 신앙고백"에 근거한 종파적 확정이 이루어졌다. 이러한 결과는 루터교적인 성향을 가진 귀족들의 추진으로 도출된 것이었다. 동일군주제도 덕분에 폴란드를 다스린 스웨덴 왕 지기스문트(Sigismund) 치하에서 재가톨릭화의 위기가 들이닥쳤지만, 사람들은 이것을 미연에 방지하려고 노력하였다. 몇 년 지나지 않아 귀족들은 그와 결별했고 루터교인 카를 9세(Karl IX.)를 스웨덴 군주로 선출했다. 이때부터 스웨덴의 종파의 역사는 뚜렷한 방향으로 흘러갔다.

16세기 종교를 둘러싼 가장 강력한 군사적인 분쟁을 경험하고 체험한 것은 프랑스였다. 1562년과 1598년 사이 총 여덟 번의 종교전쟁이 프랑스를 뒤흔들어 놓았다. 1530년대 중반부터 프랑스 왕은 개신교에 대한 전쟁을 선포했다. 그럼에도 불구하고 프랑스어를 사용하면서 자신들이 이주해 온 스위스를 통해 자신들의 고향에 영향을 끼치는 이주 프랑스인들은 시간이 흐를수록 은밀한 방식으로 도시의 시민 계급과 귀족들에게서 개신교적 신앙고백을 위한 지원을 얻어낼 수 있었다. 소상인들은 제네바와 로잔에서 인쇄된 서적들을 판매했다.

설교자들은 이곳에서 저곳으로 무섭게 옮겨 다니며 연결망을 구축하였고 '십자가 아래 교회'라는 조직을 창설하였다. 귀욤 파렐(Guillaume Farel), 존 칼빈과 후에 그의 후계자였던 테오도어 베자(Theodor Beza)는 모두 프랑스 사람들로서 자신들의 고향에 있는 믿음의 형제들과 끊임없이 서신 왕래를 하였다. 1559년 파리 생 제르멩에서 프랑스 위그노들 최초의 국가 종교회의가 열렸다. 이 종교회의에는 40개의 공동체와 70명의 인물들이 참석했다. 신학적으로는 칼빈에게서 영감을 받은 것으로 최초의 공동신앙고백이 이루어졌다. '십자가 아래 교회'의 장로-회의적 지도 체제는 다른 국가의 개혁교회들에게도 기준이 되었다.

1550년대와 1560년대 프랑스에서는 위그노의 사회적 영향력이 끊임없이 성장했다. 개신교 제독 백작 가스퍼 드 콜리니(Gaspar de Coligny)는 아직 청소년인 국왕 카를 9세에게 영향력을 행사하려고 노력했다. 이와 반대로 그의 어머니 카타리나 드 메디치(Katharina de Medici)는 로마와 스페인과 밀접한 관계를 유지하면서 개신교를 공개적으로 반대한 강력한 가톨릭 기즈(Guise) 왕족 가문과 협력했다. 1562년부터 프랑스에서는 종파들 간의 군사적 분쟁이 발생했다. 그러나 십 년 후에는 희망이 싹텄다. 개신교인 하인리히 폰 나바라(Heinrich von Navarra)와 마가레트 드 발루아(Marguerite de Valois), 곧 통치자 카를 9세의 누이가 결혼한 것이다. 이 결혼은 카타리나 드 메디치가 꾸며낸 일이었다. 1572년 여름 모든 개신교 귀족들이 결혼식에 참석하기 위해 파리로 왔다. 8월 22일 콜리니에 대한 암살이 자행되었다. 성 바르톨로메오 축일(8월24일) 새벽, 메디치의 명령에 의해서 보호받고 있다는 것을 느낀 왕의 근위병들은 공격을 개시하여 콜리니와 개신교의 대표자들을 살해하였다 - 대량 학살의 시작이었던 것이다. 파리에서만 죽은 자들의 수가 3,000여 명에 달했고 프랑스 전체에서는 몇 만 명이었다고 한다. 이 '파리의 피의 결혼식'은 그 시대에 내재된 종교적 광신주의의 끔찍한 선례 중 하나로 유럽 역사에 남게 되었다.

프랑스에서 종교분쟁의 장기적 안정은 하인리히 폰 나바르 치하에서 이루어졌다. 그는 가톨릭으로 전향하고 앙리 4세(Heinrich IV.)가 되어서 부르봉 가문이 프랑스 왕위를 대대로 이어받는 시대를 열었다. 앙리 4세가 1598년 낭트에서 선포한 "관용 칙령"은 장기간에 걸친 평화의 시기를 확증하였다. 이 자유령은 개신교인들이 곧바로 충성을 다하여 섬기게 된 왕권의 역할을 강화시켰고 프랑스가 대륙에서 주도 세력으로 성장하는 데에 있어 결정적으로 기여했다. 또한 명백히 정해진 지역에서는 개신교 예배를 보장하였고, 그들의 이른바 템플(*temples*)이라 불리 우는 예배 장소의 건축과, 묘지의 취득 그리고 개신교인들에게 관직 활동에 참여하는 것 또한 허락하였다. 더불어 왕의 동의하에 종교회의의 개최도 허락하였다. 국가 내 150개의 장소에는 가톨릭의 공격을 방어할 수 있는 군사적 안전지대를 설치하였다. 이로 인해 프랑스에서는 왕의 권력의 보호 아래 동일한 정치적 사회 안에서 라틴 유럽 기독교의 두 종파의 공존이 허용된 것이다. 영지 마다 신앙의 동질성을 확정한 것이 제국의 종교법적인 해법이었다면, 이와 달리, 낭트 칙령은 모든 사회는 사회의 띠(*vinculum societatis*)로서 하나의 동일한 종교가 필요하다는 관념에서 벗어났다. 다만 이 관용 구상은 1685년까지만 유효했다. 국왕 루이 14세(Ludwig XIV.)가 "퐁텐블로 칙령"을 통해 이를 다시 폐지한 것이다. 절대적으로 강력해진 왕국은 이때부터 안정되었고 또 폭넓게 잘 길들여진 하나의 가톨릭교회를 이용하며 수 천 명의 위그노들을 이주하게 만들었다.

 네덜란드의 종교분쟁의 전개는 스페인 점령 세력에 대한 저항과 밀접한 관련이 있었다. 1560년대부터 알바 공작(Herzog von Alba)의 공포 통치로 인해 부추겨진 분쟁은 극으로 치달았다. 남쪽 지역으로 칼빈의 영향력이 확산되었다. 젤란드와 홀란드 지방의 총독이었던 공작 빌헬름 폰 오라니엔(Wilhelm von Oranien)도 개혁교의 신앙고백을 받아들이고 스페인에 대한 저항을 이끌었다. 1581년 북쪽 지방은 스페인과의 결별을 선언했다. 수십 년 동안 지속된 독립 전쟁은 1648년 "베스트팔리아 조약"으로 인해 최종적인 결말에 이르렀다. 칼빈의 대중 교회는 1570년대부터 네덜란드 사회에 심대한 영향을 미쳤다. 그러나 로마 가톨릭, 재세례파, 대부분 독일에서 온 이주민들로 구성된 루터교도들과 유대인들에게도 그들의 사적인 공간에서만, 그러니까 건물에 종이나 종탑과 같은 공개적인 상징들은 없는 종교 활동을 허용하였다. 당시 다종파적 사회였던 네덜란드의 이 실용적 관용은, 단지 항해자들의 나라이며 상인들의 나라의 경제적인 효과만을 장려한 것이 아니라, 대중적 사회에서 다양한 자들이 평화로운 공존을 하는 정치 이론적인 구상들의 육성도 용이하게 하였다.

 중동부 유럽에서의 신앙고백적 대립은 그곳 고유의 동력을 전개시켰다. 폴란드에서 종교개혁은 귀족들의 두드러진 지지를 받았다. 귀족 가문들은 자신들의 통치 구역에서 그들의 종교-신앙적인 선택권을 관철시켰다. 왕권을 상대로 가진 귀족들의 강력한 지위는 - 폴란드는 군주가 선거로 선출되는 왕국 이었다 - 다른 유럽 국가에서는 찾아볼 수 없는 활동 영역을 허락하였다. 1570년 폴란드 최고위 귀족들은 "산도미에시 협정"을 통해 루터교와 개혁교 그리고 보헤미아 형제들(얀 후스의 활동에서 발생한 무리)이 서로의 교회 공동체를 인정하는 것을 관철시켰다. 이는 16세기 교파주의 시대에서는 유일무이한 사태였다. 3년 후, 성 바르톨로메오 날 사건으로 놀란 폴란드 귀족들은 왕실의 반대에도 불구하고 모든 종파, 즉 보헤미아 형제단과 반삼위일체론자들도 예외 없이 용인되어야 한다는 "바르샤바 동맹"을 관철시켰다. 16세기 후반과 17세기 초, 폴란드 왕가의 세력 결속이 이루어짐에 따라 이 신앙고백의 복합주의화는 예수회의 영향을 받은 반종교개혁적인 가톨릭교회 앞에 굴복하였다. 트란실바니아에서도 이와 유사한 상황을 보여준다. 모하치 전투 이후 합스부르크 가문에 매이지 않은 '신분의 대중적 분위기'가 생겨났다. 1557년 트란실바니아 의회는 4개의 기독교 교파, 즉 루터교와 개혁교, 로마가톨릭과 삼위일체를 거부한 유니테리언파를 인정하는 제도를 만들었다. 이 질서는 귀족과 도시의 정치적 세력 분배와, 종파적 다양성에 상응하는 것이었다. 이 질서는 합스부르크가의 통치가 헝가리에서까지 반종교개혁을 관철시킬 수 있을 때까지 존재했다.

네덜란드를 제외한 일시적인 효과만이 주어진 앞서 제시한 사례들은 16세기 유럽에서는 통치 세력과 신앙고백 규정 사이에 아주 밀접한 관계가 존재했고 큰 틀로 볼 때는 단일 교파적 사회가 근대에까지 라틴 유럽 종교 문화의 근본 특징을 형성했다는 것을 확인시켜 준다. 장기적인 관점으로 봤을 때 중세시대 라틴 유럽의 종교적 단일 세계는 복수의 개별적 신앙고백 종파주의의 방법으로 존속되었다.

9
종교개혁의 역사적 의미

　종교개혁은 라틴 유럽 역사에 근본적인 영향을 끼쳤으며 라틴 유럽 역사의 세계적인 결과에 한 몫을 하였다. 지리적인 발견에 의한 라틴 유럽 문명의 확산과 세계 무역 그리고 식민지 확장을 통해 라틴 기독교의 교파적 다양함은 아시아, 호주, 아프리카와 미국에서 또한 효력을 발휘하였다. 유럽 바깥에 있는 그러한 활동 지대에서의 교파 경쟁은 직접 내지는 간접적인 형태로 지속되었지만 종파들은 자신들의 '출생지'인 유럽에서는 상상 할 수도 없는 상호 작용과 협동의 형식 또한 받아들일 수 있었다. 라틴 유럽 기독교의 변종 기독교의 세계적인 확산은 오늘날까지도 끊이지 않고 있다.

　라틴 유럽 기독교의 모든 비-가톨릭적인 모습들은 어떠한 형태가 되었든 종교개혁의 유산이다. 이 모습들은 교황청과 루터에 의한 상호간의 파문으로 생겨난 단절과 역사적으로 또 유전적으로 관계 선상에 놓여 있다는 것이다. 그리고 이 단절은 '교황에게 예속되지 않는' 그리고 가톨릭 교회법에 영향 받지 않는 '개신교' 교회를 생성시켰다는 것을 의미한다. 비-가톨릭적인 변종 기독교의 조직 형태는 매우 다양하다. 이 다양성은 오순절파나 퀘이커교도 계통의 동적이고 영성 주도적인 공동체화 움직임들에서부터 스칸디나비아, 영국과 독일에서의 감독 교회적 또는 국교나 국가와 유사한 형태의 교회 체제에게까지 뻗어나간다.

라틴 기독교의 이 비-가톨릭적 형태들은 통상적으로 '프로테스탄티즘'이라는 개념 아래 포함된다. 이 개념의 역사적인 파생은 1529년 2차 슈파이어 제국 의회의 결정과 황제의 완고한 종교 정치적 노선과 보름스 칙령으로의 회귀가 노골화됨에 대해서 '항의'한 개신교 제후들에게로 소급된다. 여기에 의거해서 가톨릭 논쟁자들은 이 '항의하는 자'들의 개념을 자기들에게 대항하는 자들, 및 '개신교인'들을 향한 명칭으로 사용하였다. 17세기 후반의 그 역동적인 과정에서 이 개념은 긍정적으로 받아들여져서 개신교가 자신들을 가리키는 호칭이 되었다. 이는 당연히 교황청과 가톨릭교회에 대한 '항의하는 자들'의 대적 관계가 이미 1520년부터 등장한 개신교 내부의 종파적인 차이보다 더 중요해졌다는 것을 전제하고 있다. 역사적으로 심사숙고한 언어적 정리 작업은 16세기와 17세기 루터교회와 개혁교회 사이의 교회 분리라고까지 느껴졌던 신앙고백적인 차이들이 일반적으로 교황교회에 대한 공동의 대적 관계만큼이나 중차대했다는 사실을 놓치지 않고 인식해야 한다.

18세기부터 근본적으로 개신교를 가톨릭교회보다 더 '세련되게' 여기는 경향이 일어났다. 이러한 시각에 기초한 진보적 사고는 예전 종파주의 시대의 개신교에게는 낯설었다. 19세기와 20세기에는 '현대화하도록 하는' 역할을 했다고 인정하는 사회적, 정치적 그리고 경제적인 발전, 즉 민주-참여적 선택 과정과, 자본주의적 경제 성향, 개별화, 교육과 관용, 인권을 통한 동등성 등은 개신교와 특별한 밀접성을 가진 것으로 인정하고, 가톨릭주의는 악명 높고 시대에 뒤떨어진다고 분류하는 움직임이 있었다. 현대적인 유럽 문화의 형성에 대한 개신교가 가진 의미를 묻는 질문에 단정적인 답을 하는 것은 문제가 될 수 있다. 또한 그러한 문화의 형성이 종교개혁으로부터만 파생되었다는 생각도 주목을 끌지 못했다. 그럼에도 불구하고 16세기로부터의 라틴 유럽의 종교 역사적인 발전과 유럽 근대주의의 설정과 가치 사이에 내적인 관련이 있다는 것에 대해서는 부인할 수 없다.

종교개혁을 통해 등장한 라틴 기독교의 복수화가 만들어낸 역사적으로 가장 우선적인 사회사적 그리고 정신사적 결과들은 상대화에 있지 않고 종교적 결합의 강화에 있다. 루터교회와 개혁교회 그리고 로마가톨릭교회라는 교파들에게 공통적인 것은 자신들의 성도를 종교적으로 가르치고, 즉 교리를 전수하고, 훈련된 삶의 자세를 이해시키며, 경쟁 종파에 속한 자들의 유혹과 도전에 대해 경고하는 것에 가장 많은 노력을 기울인다는 것이었다. 종교개혁의 결과로서 나온 라틴 기독교의 복수화는 기독교적인 것의 선택적 변형에서 생겨난 것이다. 이 복수화는 우선적으로는 무관용, 법적 또는 정신적으로 경계를 짓는 문화, 그리고 무력행사까지 불사하는 태도를 만들어 놓았다. 결국 이것은 교파주의 시대의 종교전쟁에서 폭발하였다. 그렇지만 교파의 복수화에 의해 커져 가는 분쟁 원동력은 간접적으로 울타리를 쳐서 보호함과 화해 공존, 일치할 수 없는 것을 용인함, 종교적 진리 주장을 상대화시킴, 그리고 종파 사이의 교류의 전략들을 타당하게 만들고 바로 그것을 법적인 형태로 고정시키는 것에도 기여하였다. 종교에 대한 비판도 다른 어느 지역보다 라틴 기독교의 토양에서 더 발달하였다.

교리문답과 설교, 경건 함양을 위한 서적과 기도 서적을 통한 기독교의 다양함을 집중적으로 수용함은 간접적으로 근본적인 교육사적인 효과를 초래했다. 이러한 서적들은 가톨릭의 영지에서보다는 개신교 영지들이나 개신교 국가에서 전체적으로 본다면 사회적으로 더 일찍 영향을 끼쳤다. 이는 종교적으로 높은 가치를 민족 언어에 부여하며 예배에서 신자들의 참여 가능성이 열린 데에서 온 결과였다. 왜냐하면 종교개혁이 대중의 언어로 된 성경 번역을 촉진시켰고 이를 통해 많은 유럽의 언어에 – 후에는 유럽 외에도 - 근본적인 발전 과정을 일으켰기 때문이다. 핀란드어, 크로아티아어, 슬로베니아어 프루시스어와 같은 몇몇 언어에서는 최초로 보존되거나 인쇄된 문서들이 직접적으로 종교개혁과 연관이 있었다. 이러한 문서들은 대부분 교리문답서나, 신약성경의 번역 아니면 성경 전체의 번역들이었다.

종교개혁의 언어 문화적이고 교육 역사적인 결과들은 그야말로 어마어마하다. 종교적으로 중요한 문서를 모국어로 읽거나 습득한다는 것 – 개신교 공동체의 찬양도 최고의 가치를 가진 매력 포인트였다 - 은 동시에 이해를 하면서 참여한다는 것을 내포하고 있었다. 종교개혁을 통해 학교 제도의 확장과 평민들의 문맹 퇴치를 위한 더욱더 보강된 노력이 나타났다. 복음적인 가정 공동체 안에서는 부모에게 종교적 매개라는 핵심적인 역할이 인정되었다. 그 때문에 부모가 글을 읽고 쓸 수 있는 것은 바람직할 뿐 아니라 불가피했다. 민중 언어로 이루어진 개신교 설교는 라틴어로 진행된 미사에 참여할 때와는 '함께 함'과 '함께 섞임'이라는 다른 가능성을 열었다. 가톨릭 진영에서도 이루어진 대중 언어로 된 설교, 교리문답과 종교적인 문서들을 생산하려는 적극적인 노력들은 종파 경쟁이 이 '사업'에 활기를 불어넣었고, 간접적으로 라틴 유럽의 문화 전체를 변화시켰다고 기록하고 있다.

프로테스탄티즘은 자신이 지배적인 종교가 된 지역에서 국가 권력과 특히 밀접한 관계를 형성했다. 이는 세속 통치권이 '비상 주교' 내지는 수장으로서 교회의 정점에 자리 잡은 데서 온 필연적 결과였다. 이러한 널리 알려진 정교유착의 관계는 개신교로 하여금 정계나 사회가 그들에게 갖는 기대에 매우 유연할 뿐 아니라 즉각적인 대처를 하도록 하였다. 19세기 다양한 국가주의에 적응하고자 하는 자세는 '민속적' 토착화의 계기였다. 이것은 모든 라틴 기독교에서 변형된 교파들에서 찾아볼 수 있었지만, 특히 루터교회 고유의 것이 되었다. 소수자의 처지에 놓인 상황에서 개신교는 대안이 될 생각들을 하시라도 사용 가능한 형태로 가지고 있었다. 이것이 바로 다른 이들보다 더 일찍 그리고 더 강력히 보편적인 종교의 자유, 관용 그리고 무력의 포기를 주장했던 개신교 이단자들에게서 발생하였다.

개신교는 가톨릭교회의 성직 체계와 비교 가능한 어떠한 형태의 제도적인 구조를 가져본 적이 없었다. 영지 너머 또는 국가를 초월한 심급 기관이 논란이 되는 교의에 대한 문제 또는 구속력 있는 예배 형태를 확정짓는 문제에 최종적인 결정을 내리지 못했다. 이것은 법적 체제를 갖춘 기독교의 교리에 관한 질문과 질서에 관한 질문들 앞에서 엄청난 다양함을 가져왔다. 이 다양함은 각각의 종파들 내에서 받아들이거나 아니면 풍성함으로 평가하든지 해야만 했다. 그러나 축소시킬 수 있는 것은 아니었다. 신학적 교리 논쟁의 해답과 관계하여서 보면 개신교의 '하나의 구심점을 갖지 않은' 구조는 각 영지나 국가 교회 안에서 결정과 교의적인 확정들이 이루어질 수 있다는 것을 의미하기도 하였지만, 전체적으로 볼 때 신학적 토론이 끝이 날 수 없음을 뜻하기도 했다.

이단에 대한 규정은 개신교 종파 내에서는 사실상 효험이 없었다. 논란을 일으킨 신학자가 자신의 영지에서 추방되었다고 해도, 그는 다른 영지에서 계속 활동할 수 있었다. 그의 일탈이 인쇄된 문서의 형태로 남아있는 것은 당연했다. 교육상 제한할 수 없는 종파적 신학의 실제적 다양성은 개인적인 습득과 시류에 부합하는 개신교 신학의 재교육을 긍정하는 자세를 장려했다. 정통 종파의 교육 형태를 관철하고 고정하려는 시도들은 루터교회 뿐 아니라 개혁교회에서도 경합을 겪지 않은 적이 한 번도 없었다. 이 시도들은 일반적으로 다른 주장들도 함께 인정을 받는 그 이상도 없고-물론 그 이하도 없는-단 하나의 권위 있는 주장을 제시하였다. 경건주의와 계몽주의를 거치면서 개신교 내부의 신학적 다양성은 간과할 수 없고 돌이킬 수 없게 되었고, 차츰 '자기 인식'의 한 부분까지 되었다.

검열 대책을 통해 여론 조성에 영향을 끼치려는 효과적인 시도는 개신교에서는 존재하지 않았다. 17세기부터 발전하고 있던 자연과학은 거의 모든 개신교 국가에서는 발표를 할 수 있는 열린 기회를 얻었다. 시간이 지날수록 이러한 부분은 결국 가톨릭교회에도 영향을 끼쳤다. 교황청의 서적 정치, 특히 금서 목록의 심리적인 효과는 실제적으로 가톨릭교회 교인들의 독서 자세에 미친 결과보다 확실히 더 컸다. 시간이 지나면서 인쇄 매체와 함께 등장하였고, 개신교가 원칙상 제한 없이 받아들인 의사소통 역사의 전환은 라틴 유럽의 문화를 근본적으로 변화시켰다. '낯선', 곧 기독교와 일치되지 않은 지식들이 유포되었고, 사라지지 않고 존재하며, 대체 가능한 인생관과 세계관의 원천으로서의 역할을 수행했다. 각 교파들 자체의 교의에서 벗어나는 관념들과 기독교 전통에 대한 해석들을 접할 수 있게 되었고 그것이 지속적으로 가능하게 되었다. 다른 사고방식과 영적 전통으로부터 자극을 받고 풍요로워지거나 문제를 제기하는 기회와 필요성은 15세기부터 라틴 유럽의 기독교를 동반하는 계기를 이루었다. 이것은 종교개혁을 통해 강화되었고 여러 겹으로 고조되었다.

종파 간의 평화로운 병존과 관용적인 공생으로의 길은 종교개혁기를 지나고 나서도 오랜 시간이 걸리는 길이었다. 이 길은 한편으로는 국법이 각 종파에게 경계선을 제시하고 공존의 규칙을 명시하는 것으로 형성되었고, 다른 한편으로는 종파가 스스로의 진실에 대한 자신들의 요구를 상대화하고 일반적인 종교 자유의 높은 가치를 존중하기 시작함으로서 촉진되었다. 17세기에 독일 연방 국가들은 낯선 종파의 이주민들을 받아들이기 시작했다. 근면한 수공업자라고 불린 재세례파들에게도 계속해서 많은 보장을 허락하였다. 이 경험들은 곧 투명한 법적인 질서의 틀 안에서 다른 종파의 사람, 즉 다양한 종파 사회의 평화로운 공존이 가능하다는 것을 보여주었다. 18세기와 19세기에는 유대인들도 시민으로서의 동등함이 사회적으로 인정되었고 법적으로 명시되었다. 19세기와 20세기 후반에 이르러서는 국법이 보장하는 일반적인 종교의 자유가 자유법치국가와 초국가적인 기본권과 인권의 근본 요소가 되었다.

다른 종교의 생존권을 인정한다는 관용은 학습 과정의 결과였다. 라틴 유럽 기독교 역사에서 이러한 결과는 다양한 아픔과 종교라는 미명 아래 이루어진 끝없는 폭력의 경험을 통해 형성되었다. 종교개혁은 이러한 발전을 발동시켰다. 그리고 더 이상 하나의 사회는 일치하거나 지배적인 단 하나의 종교의 토대 위에 존재해야 한다는 관념에 근거하지 않는 서방 문명의 형태를 만들어 내는 데에 기여했다. 이 관용적이고 다종교적인 사회 모델은 스스로의 적합함을 입증하기는 했지만, 아직도 많은 도전 앞에 서 있다.

종교개혁 역사는 관용적이고 자유로운 사회로 나아가는 라틴 유럽 문명의 긴장과 모순과 발전과 진보의 모범 책자를 제시하고 있다. 특히 우리의 서방 문화를 세계화의 눈높이에서 발전시키기 위해 종교개혁 시대에 있던 그 발단을 깨닫는다는 것은 하나의 수확이다.

소개할 만한 참고문헌

Brady, Thomas A.: German Histories in the Age of Reformations, 1400-1650. Cambridge 2009.

- Obermann, Heiko A./Tracy, James D. (Hrsg.): Handbook of European History 1400-1600. 2Bde. Leiden [u.a.] 1994/95.

Greengrass, Mark: Christendom Destroyed. Europe 1517-1648. London 2014.

Hillerbrand, Hans J.: The Division of Christendom. Christianity in the Sexteenth Century. Louisville/London 2007.

Kaufmann, Thomas: Geschichte Der Reformation in Deutschland. Berlin 2016. [Erw. Neuausg.]

- Erlöste und Verdammte. Eine Geschichte der Reformation. München 2016.

MacCulloch, Diarmaid: Die Reformation 1490-1700. München 2008. (Engl. Originalsausgabe New York/London 2004).

Marshall, Peter: Die Reformation in Europa. Stuttgart 2014.

Pettegree, Andrew (Hrsg.): The Reformation World. London 2000.

Schilling, Heinz: Aufbruch und Krise. Deutschland 1517-1648. Berlin 1988. Sonderausgabe 1994.

- Martin Luther, Rebell in einer Zeit des Umbruchs. München ²2012.

Schindling, Anton/Ziegler, Walter (Hrsg.): Die Territorien des Reichs im Zeitalter der Reformation und der Konfessionalisierung. Land und Konfession 1500-1650. 7Bde. Münster 1989-1997.

Seebaß, Gottfried: Geschichte des Christentums III. Spätmittelalter - Reformation-Konfessionalisierung. Stuttgart 2006.

Venard, Marc (Hrsg.): Die Zeit der Konfessionen (1530-1620/30). Deutsche Ausgabe bearb. und hrsg. von Heribert Smolinsky (Die Geschichte des Christentums, Bd. 8). Freiburg i. Br. [u.a.] 1992.

- (Hrsg.): Von der Reform zur Reformation (1450-1530). Deutsche Ausgabe bearb. und hrsg. von Heribert Smolinsky (Die Geschichte des Christentums, Bd. 7). Freiburg i. Br. [u.a.] 1995.

Vogler, Günter: Europas Aufbruch in die Neuzeit 1550-1650. Stuttgart 2003.

▌역자 후기

2015년 출간된 역자의 첫 번역서인『루터-말씀에 붙잡힌 사람 (대한기독교서회)』에 이어 또 한 권의 책을 발표하게 되어 참 기쁘고 감사하다. 사실 첫 번역서 이후 새로운 번역작업보다는 연구에 우선순위를 두며 지내왔다. 그러던 중 본 역서를 접하게 되었고 매우 재미있게 읽었다. 방대한 종교개혁의 이야기를 누구나 읽기 쉽게 그리고 정확하게 정리한 이 책을 읽은 후, 더 많은 사람들과 공유하고싶은 마음이 들어 번역하게 되었다.

2016년 독일에서 출간된 본 역서의 원제는『100쪽으로 읽는 종교개혁』이다. 그리고 전문적인 연구들을 바탕으로 쓰여진 책이다. 종교개혁이 발생했던 당시 유럽의 역사적인 상황과 종교개혁의 진행과 그 결과로 탄생한 개신교, 종교개혁이 일으킨 사회적 - 종교적인 변화는 물론, 이에 대한 기존 가톨릭교회의 반응 등 다양한 내용이 잘 정리되어 이 책에 담겨있다. 대중성과 전문성을 모두 갖추고 있는 좋은 책이라고 할 수 있다.

이 책을 통해 500년 전 근본적인 종교개혁의 "정신"이 조금이나마 알려진다면 역자에게는 큰 보람이 될 것이다. 그렇게 된다면, 유럽에서 일어난 사건을 왜 오늘날까지도 매 해 기억하고, 유럽 뿐 아니라 우리 나라를 포함하여 전 세계가 주목하고 기념하고 있는지 또한 알 수 있기 때문이다.

이 책을 번역하는 동안 함께해준 가족과 친구들에게 이 지면을 통해서 고마운 마음을 전하고 싶다. 또한 이 책의 출판이 이루어질 수 있도록 수고해주신 이화 출판사, 특히 성정화 사장님께 진심으로 감사의 말씀을 드린다.

2018년 4월 11일

괴팅엔 대학교 연구실에서

공 준 은

종교개혁 입문서

2018년 4월 11일 인쇄
2018년 4월 16일 발행

저 자 **토마스 카우프만**
역 자 **공 준 은**
발행자 **성 정 화**
발행처 **도서출판 이화**
　　　　대전광역시 중구 대종로505번길 54
　　　　상현빌딩 2층
　　　　TEL. 042-255-9708
　　　　FAX. 042-255-9709

ISBN 978-89-6439-144-0 93200

값 10,000원